El Catecismo de la Nueva Ciudad
Devocional

El Catecismo de la Nueva Ciudad
Devocional

La verdad de Dios para nuestras mentes y nuestros corazones

Introducción por Timothy Keller

Collin Hansen, Editor general

Mientras lees, comparte con otros en redes usando
#CatecismoNuevaCiudad

El Catecismo de la Nueva Ciudad, Devocional:
La verdad de Dios para nuestras mentes y nuestros corazones

© 2018 por Poiema Publicaciones

Traducido del libro *The New City Catechism Devotional: God's Truth for Our Hearts and Minds* © 2017 por The Gospel Coalition y Redeemer Presbyterian Church. Publicado por Crossway, un ministerio editorial de Good News Publishers; Wheaton, Illinois 60187, U.S.A. Esta edición fue publicada por un acuerdo con Crossway.

A menos que se indique lo contrario, las citas bíblicas han sido tomadas de *La Santa Biblia, Nueva Versión Internacional* © 1999 por Biblica, Inc. Usada con permiso.

Todos los derechos reservados. Ninguna parte de esta publicación puede ser reproducida, almacenada en un sistema de recuperación, o transmitida de ninguna forma ni por ningún medio, ya sea electrónico, mecánico, fotocopia, grabación, u otros, sin el previo permiso por escrito de la casa editorial.

Poiema Publicaciones
info@poiema.co
www.poiema.co

Impreso en Colombia
ISBN: 978-1-944586-67-6
SDG

Contenido

Introducción *por Timothy Keller* 7

Parte 1: **Dios, Creación y Caída, Ley**
(Preguntas 1-20) 17

Parte 2: **Cristo, Redención, Gracia**
(Preguntas 21-35) 99

Parte 3: **Espíritu, Restauración, Crecer en la gracia**
(Preguntas 36-52) 165

Reconocimientos 238

Comentaristas históricos 239

Colaboradores contemporáneos................... 245

Notas de texto 249

Introducción

TIMOTHY KELLER

Pregunta 1. ¿Cuál es el fin principal del hombre?
Respuesta. El fin principal del hombre es glorificar a Dios y disfrutar de Él por siempre.

Pregunta 1. ¿Cuál es tu único consuelo en la vida y en la muerte?
Respuesta. Que no soy dueño de mí mismo, sino que pertenezco —en cuerpo y alma, en la vida y en la muerte— a mi fiel Salvador, Jesucristo.

Estas palabras, con las que inician los Catecismos de Westminster y de Heidelberg, son repetidas en muchos de nuestros credos y en muchas de nuestras declaraciones de fe. Nos resultan familiares cuando las escuchamos en sermones y cuando las leemos en libros, pero muchas personas desconocen su origen y seguramente nunca las han memorizado como parte de los catecismos de donde provienen.

En la actualidad, muchas iglesias y organizaciones cristianas publican "declaraciones de fe" que establecen sus creencias. Pero en el pasado se esperaba que documentos de esta naturaleza abundaran en riqueza bíblica y estuviesen cuidadosamente diseñados para que pudieran ser memorizados y utilizados en el fortalecimiento y entrenamiento de los cristianos. Estaban escritos en forma de preguntas y respuestas, y eran llamados catecismos (del griego *katechein*, que significa "enseñar oralmente o instruir por medio de la palabra hablada"). El Catecismo de Heidelberg de 1563 y los Catecismos Mayor y Menor de Westminster de 1648 están entre los más conocidos, y actualmente sirven como el estándar doctrinal de muchas iglesias en el mundo.

La catequesis: una práctica olvidada

Hoy en día, la práctica de la catequesis se ha perdido por completo, especialmente entre adultos. Los programas modernos de discipulado se concentran en prácticas como estudios bíblicos, oración, comunión y evangelismo, pero a veces son algo superficiales cuando se trata de doctrina. En contraste, los catecismos clásicos guían a los estudiantes a través del Credo de los Apóstoles, los Diez Mandamientos y la Oración del Señor —un balance perfecto de teología bíblica, ética práctica y experiencia espiritual. Asimismo, la disciplina catequística de la memorización lleva al corazón a profundizar en los conceptos, por lo que también exige más responsabilidad que los cursos típicos de discipulado en cuanto al dominio que los estudiantes deben tener del material. Finalmente, la práctica de recitar preguntas y respuestas lleva al instructor y a los estudiantes a interactuar de una forma natural, aprendiendo mediante el diálogo.

En resumen, la instrucción del catecismo es menos individualista y más colectiva. Los padres pueden catequizar a sus hijos. Los líderes de la iglesia pueden catequizar a los nuevos miembros con catecismos cortos, y a los nuevos líderes con catecismos más extensos. Debido a la riqueza del material, las preguntas y respuestas del catecismo pueden ser integradas en la adoración comunitaria, donde la iglesia puede confesar su fe y responder a Dios en alabanza como un cuerpo.

Introducción

Debido a que hemos perdido la práctica de la catequesis, "las ideas superficiales acerca de la verdad, las nociones confusas de Dios y de la piedad, y el desconocimiento de los asuntos de la vida—en cuanto al trabajo, la comunidad, la familia y la iglesia—suelen ser las marcas de las congregaciones evangélicas en el día de hoy".[1]

¿Por qué escribir otro catecismo?

Existen muchos catecismos antiguos que son excelentes y que han pasado la prueba del tiempo. ¿Por qué esforzarse en escribir uno nuevo? De hecho, muchas personas podrían sospechar de los motivos de alguien que quisiera hacerlo. Sin embargo, la mayoría de las personas hoy no se percatan de que antes era normal, importante y necesario que las iglesias produjeran continuamente catecismos nuevos para uso propio. El *Libro de Oración Común* original de los anglicanos incluía un catecismo. Las iglesias luteranas tenían el Catecismo Mayor y el Catecismo Menor escritos por Lutero en 1529. Las primeras iglesias escocesas, aunque tenían el Catecismo de Ginebra escrito por Calvino en 1541 y el Catecismo de Heidelberg de 1563, produjeron y utilizaron el Catecismo de Craig de 1581, el Catecismo Latino de Duncan de 1595 y el Nuevo Catecismo de 1644, y más adelante adoptaron el Catecismo de Westminster.

El pastor puritano Richard Baxter, ministro en el siglo diecisiete en la ciudad de Kidderminster, quería entrenar sistemáticamente a las cabezas de familia para que instruyeran a sus hogares en la fe. Para lograr esto, escribió su propio Catecismo Familiar, el cual se adaptaba a las capacidades de su propio pueblo y trataba bíblicamente muchos de los asuntos y de las preguntas que su pueblo enfrentaba en ese momento.

Introducción

Los catecismos eran escritos con al menos tres propósitos. El primero de ellos era presentar una exposición integral del evangelio—no solo explicar claramente lo que es el evangelio, sino también mostrar los fundamentos del mismo, tales como las doctrinas bíblicas de Dios, la naturaleza humana, el pecado, etc. El segundo propósito era hacer esta exposición de tal forma que las herejías, los errores y las falsas creencias de la cultura fueran abordados y contrarrestados. El tercer propósito, y el más pastoral de ellos, era formar un pueblo distinto, una cultura diferente que reflejara la semejanza a Cristo no solo en el carácter individual, sino también en la vida eclesiástica.

Cuando vemos estos tres propósitos en conjunto, entendemos por qué deben escribirse nuevos catecismos. Mientras que nuestra exposición de la doctrina del evangelio debe ir de acuerdo a los antiguos catecismos que son fieles a la Palabra, la cultura cambia y también lo hacen los errores, las tentaciones y los desafíos al evangelio, por lo que las personas necesitan ser equipadas para enfrentarlos y responder a ellos.

Estructura del *Catecismo de la Nueva Ciudad*

El *Catecismo de la Nueva Ciudad* comprende solo 52 preguntas y respuestas (a diferencia de las 129 del Catecismo de Heidelberg o de las 107 del Catecismo Menor de Westminster). Por tanto, solo hay una pregunta y respuesta para cada semana del año, permitiendo que sea posible introducirlas en el calendario de la iglesia y en el de personas que tengan horarios demandantes.

El *Catecismo de la Nueva Ciudad* es una adaptación del Catecismo de Ginebra de Calvino, el Catecismo Mayor de Westminster, el Catecismo Menor de Westminster y

Introducción

especialmente del Catecismo de Heidelberg. Esto permite que las personas se puedan exponer a algunas de las riquezas y perspectivas de varios de los grandes catecismos de la época de la Reforma, con la esperanza de que se animen a sumergirse en los catecismos históricos y continúen con el proceso de catequesis a lo largo de sus vidas.

Está dividido en tres partes para facilitar su aprendizaje en secciones y su comprensión:

Parte 1: Dios, Creación y Caída, Ley (veinte preguntas)
Parte 2: Cristo, Redención, Gracia (quince preguntas)
Parte 3: Espíritu, Restauración, Crecer en la gracia
       (diecisiete preguntas)

Al igual que en la mayoría de los catecismos tradicionales, cada pregunta y respuesta está acompañada de un versículo bíblico. Adicionalmente, cada pregunta y respuesta es seguida por un comentario corto de lo que algún predicador del pasado ha escrito o ha dicho, así como por un comentario de un predicador contemporáneo que ayudará a los estudiantes a meditar y pensar en el tema que se está explorando. Cada pregunta termina con una breve oración.

El uso de lenguaje arcaico

Aunque a primera vista pareciera que hace que el contenido sea menos accesible, el lenguaje de los textos originales ha sido conservado tanto como ha sido posible a lo largo de los comentarios históricos. Cuando las personas se quejaban con J. R. R. Tolkien por el lenguaje arcaico que a veces utilizaba, él contestaba que el lenguaje conlleva valores culturales y que, por tanto, el uso de formas antiguas no era algo

Introducción

nostálgico, sino que se basaba en principios. Él creía que esas maneras antiguas de hablar transmitían maneras antiguas de comprender la vida, cosa que las formas modernas no pueden hacer porque el lenguaje moderno está inmerso en perspectivas modernas de la vida.

Por esta razón —excepto en los casos de palabras que ya no se utilizan y que, por tanto, son incomprensibles (las cuales se han reemplazado mayormente con elipsis)— los comentarios históricos han conservado el lenguaje y la ortografía de los autores originales. Este lenguaje también se ve reflejado ocasionalmente en las preguntas y respuestas done de las formas más poéticas nos ayudan con la memorización.

¿Cómo utilizar el *Catecismo de la Nueva Ciudad*?

El Catecismo de la Nueva Ciudad consiste de cincuenta y dos preguntas y respuestas, así que la forma más fácil de utilizarlo es memorizarse una pregunta y su respuesta cada semana del año. Debido a que está diseñado para ser dialógico, es mejor aprenderlo en pareja, en familia o en grupos de estudio, lo cual les permite preguntarse unos a otros no solo la que corresponda a cada semana, sino ir repasando las que se hayan aprendido.

Puedes escoger un día específico de cada semana en el que uses el versículo bíblico, el comentario y la oración que acompañan a cada pregunta y respuesta durante tu tiempo devocional. Esto te ayudará a pensar y meditar en los temas y en las aplicaciones que surgen de dicha pregunta y respuesta.

Los grupos podrían decidir invertir los primeros cinco a diez minutos de su tiempo de estudio en repasar juntos una sola pregunta y respuesta, completando así el catecismo en un año, o podrían preferir estudiar y aprender las preguntas y respuestas en un lapso acordado de tiempo (por ejemplo, memorizar cinco o seis preguntas a la semana y reunirse para discutirlas y leer los comentarios que las acompañan).

Consejos para la memorización

Existen diversas maneras de memorizar textos, y algunas técnicas se adaptan mejor a ciertos estilos de aprendizaje. Aquí están algunas sugerencias:

- Lee la pregunta y respuesta en voz alta, y repítela una y otra vez.
- Lee la pregunta y su respuesta en voz alta, luego intenta repetirla sin mirar el texto.
- Lee todas las preguntas y respuestas de la parte 1 en voz alta (luego la parte 2, luego la parte 3) mientras te desplazas físicamente. La combinación del movimiento con el lenguaje refuerza la habilidad para recordar un texto.
- Grábate mientras dices todas las preguntas y respuestas de la parte 1 (luego la parte 2, luego la parte 3) y escúchalas durante el día (por ejemplo, mientras te ejercitas o haces alguna tarea).
- Escribe las preguntas y respuestas en tarjetas y colócalas en algún sitio visible. Léelas en voz alta cada vez que las veas.
- Elabora tarjetas con la pregunta de un lado y la respuesta al reverso y, sin ver las respuestas, pregúntatelas.
- Escribe la pregunta y su respuesta. Repítelo. El proceso de escribir mejora la habilidad para recordar un texto.
- Repasa junto a otra persona (preguntándose el uno al otro) tan frecuentemente como te sea posible.

Introducción

Un principio bíblico

En su carta a los gálatas, Pablo escribe: "El que recibe instrucción en la palabra de Dios comparta todo lo bueno con quien le enseña" (Gá 6:6). La palabra griega para "el que recibe instrucción" es *katechoumenos*, alguien que es catequizado. En otras palabras, Pablo está hablando de un conjunto de doctrinas cristianas (*catecismo*) impartidas por un instructor (*catequizador*). Es probable que las palabras "todo lo bueno" también incluyan el apoyo financiero. A la luz de esto, la palabra *koineneo* —que significa "compartir" o "tener comunión"— tiene un significado que es aún más rico. El salario de un maestro cristiano no debe ser visto simplemente como un pago, sino como una forma de tener "coemunión". La catequesis no es otro servicio más por el cual se le paga a un instructor, sino que se trata de una profunda comunión y un intercambio de los dones de Dios.

Si retomamos esta práctica bíblica en nuestras iglesias, veremos cómo la Palabra de Dios vuelve a "[habitar] en [nosotros]... con toda su riqueza" (ver Col 3:16), porque la práctica de la catequesis introduce la verdad de manera profunda en nuestros corazones, para que desde que seamos capaces de razonar lo hagamos en categorías bíblicas.

Cuando mi hijo Jonathan era un niño, mi esposa, Kathy, y yo comenzamos a enseñarle un catecismo para niños. Al principio solo trabajamos con las primeras tres preguntas:

Pregunta 1. ¿Quién te hizo?
Respuesta. Dios.

Pregunta 2. ¿Qué más hizo Dios?
Respuesta. Dios hizo todas las cosas.

Introducción

Pregunta 3. ¿Para qué te hizo Dios a ti y a todas las cosas?
Respuesta. Para Su propia gloria.

Un día, Kathy dejó a Jonathan con la niñera. En un momento dado, la niñera notó que Jonathan miraba por la ventana. "¿En qué estás pensando?", le preguntó la niñera. "En Dios", respondió. Sorprendida, le dijo: "¿Qué estás pensando acerca de Dios?". Él la miró y respondió: "En cómo Él hizo todas las cosas para Su propia gloria". ¡Ella pensó que tenía a un gigante espiritual a su cuidado! Un niñito, mirando por la ventana, ¡contemplando la gloria de Dios en Su creación!

Lo que realmente sucedió, obviamente, es que su pregunta le recordó esas preguntas y respuestas que él había aprendido. Contestó con el catecismo. Sin duda no tenía la más mínima idea de lo que significa "la gloria de Dios". Pero el concepto estaba en su mente y en su corazón, y más adelante conectaría con nuevas perspectivas, enseñanzas y experiencias.

Ese tipo de instrucción, tal como decía Archibald Alexander, teólogo de Princeton, es como leña en una chimenea. Sin el fuego—el Espíritu de Dios—la leña no producirá llamas por sí misma. Pero sin combustible tampoco puede haber fuego, y la instrucción catequística es precisamente eso.

Parte 1

Dios, Creación y Caída, Ley

Pregunta 1

¿Cuál es tu única esperanza en la vida y en la muerte?

Que no nos pertenecemos a nosotros mismos, sino que somos, en cuerpo y alma, en la vida y en la muerte, de Dios y de nuestro Salvador Jesucristo.

📖 ROMANOS 14:7-8

Porque ninguno de nosotros vive para sí mismo, ni tampoco muere para sí. Si vivimos, para el Señor vivimos; y, si morimos, para el Señor morimos. Así pues, sea que vivamos o que muramos, del Señor somos.

💬 Comentario

JUAN CALVINO

Si no somos nuestros sino del Señor, entonces ya sabemos de cuáles errores debemos huir y hacia dónde debemos dirigir todos los actos de nuestra vida. No nos pertenecemos, así que no permitamos que nuestra razón ni nuestra voluntad dirijan nuestros planes y nuestras obras. No nos pertenecemos, así que no establezcamos como nuestra meta buscar lo más conveniente para nosotros... No nos pertenecemos, así que olvidémonos de nosotros mismos y de todo lo que es nuestro tanto como nos sea posible. Por el contrario, le pertenecemos a Dios, por tanto, vivamos para Él y muramos por Él. Le pertenecemos a Dios: permitamos entonces que Su sabiduría y Su voluntad gobiernen nuestras acciones. Le pertenecemos a Dios: permitamos que todos los componentes de nuestra vida estén enfocados hacia Él como nuestra única meta. ¡Oh, cuánto se ha beneficiado aquel hombre que, habiéndosele enseñado que no es dueño de sí mismo, le ha quitado el dominio y el gobierno a su propia razón para entregársela a Dios! Pues, así como consultar nuestro propio interés es la pestilencia que nos lleva más efectivamente a la destrucción, de igual manera el único refugio de salvación es no saber nada ni desear nada por nosotros mismos, sino seguir únicamente la guía del Señor.[2]

TIMOTHY KELLER

En algún punto de su escrito, Juan Calvino establece la esencia de lo que significa vivir la vida cristiana. Él dice que podría redactar una lista de los mandamientos que debemos cumplir o de los rasgos de carácter que debemos exhibir. Pero, en lugar de ello, decide reducirlo al motivo principal y al principio básico de lo que significa vivir la vida cristiana. El motivo básico es que Dios envió a Su Hijo a salvarnos por gracia y para adoptarnos en Su familia. Así que ahora, debido a esa gracia, por gratitud, queremos parecernos a nuestro Padre. Queremos parecernos a nuestra familia. Queremos vernos como nuestro Salvador. Queremos agradar a nuestro

Padre. Por tanto, el principio básico es este: que no debemos vivir para agradarnos a nosotros mismos. No debemos vivir como si nos perteneciéramos a nosotros mismos. Y eso implica varias cosas. Significa, antes que todo, que no debemos determinar por nosotros mismos lo que es correcto e incorrecto. Cedemos el derecho a determinarlo y lo depositamos enteramente en la Palabra de Dios. También renunciamos al principio operativo que solemos utilizar en la vida diaria; dejamos de ponernos a nosotros mismos en primer lugar y siempre ponemos antes lo que le agrada a Dios y lo que muestre amor hacia nuestro prójimo. También significa que no debe haber ninguna parte de nuestra vida que no hayamos entregado. Debemos entregarnos a Él por completo —en cuerpo y alma. Y significa que confiamos en Dios en la abundancia y en la escasez, en los tiempos buenos y en los malos, en la vida y en la muerte. ¿Cómo se relacionan el motivo y el principio? Debido a que somos salvos por gracia, no nos pertenecemos a nosotros mismos. En una ocasión, una mujer me dijo: "Si yo pensara que soy salva por algo que hice, que hice alguna contribución a mi salvación, entonces Dios no podría exigirme nada porque yo he contribuido. Pero si soy salva por gracia, solo por gracia, entonces no existe nada que Él no pueda pedirme". Y eso es cierto. No te perteneces a ti mismo. Fuiste comprado por precio.

Hace algunos años escuché a un predicador cristiano preguntar: "¿Cómo puedes relacionarte con alguien que se ha entregado completamente por ti sin tú entregarte completamente a él?".

Jesús se entregó completamente por nosotros, así que ahora debemos entregarnos a Él por completo.

Oración

Cristo, esperanza nuestra, en la vida y en la muerte, nos entregamos a Tu cuidado misericordioso y paternal. Te amamos porque te pertenecemos. No tenemos ningún bien fuera de Ti, y no podríamos pedir mayor regalo que pertenecer a Ti. Amén.

Pregunta 2

¿Quién es Dios?

Dios es el creador y el sustentador de todos y de todo. Él es eterno, infinito e inmutable en Su poder y perfección, bondad y gloria, sabiduría, justicia y verdad. Nada sucede si no es a través de Él y por Su voluntad.

SALMO 86:8-10, 15

No hay, Señor, entre los dioses otro como Tú,
 ni hay obras semejantes a las Tuyas.
Todas las naciones que has creado vendrán, Señor,
 y ante Ti se postrarán y glorificarán Tu nombre.
Porque Tú eres grande y haces maravillas; ¡solo Tú eres Dios!
Pero Tú, Señor, eres Dios clemente y compasivo,
 lento para la ira, y grande en amor y verdad.

Comentario

JONATHAN EDWARDS

El Creador del mundo es, sin duda, también su Gobernador. Aquel que tuvo el poder para darle existencia al mundo y poner todas sus partes en orden, tiene sin duda poder para disponer del mundo, para continuar el orden que ha constituido o para alterarlo. Aquel que por vez primera estableció las leyes de la naturaleza, debe tener toda la naturaleza en Sus manos; para que sea evidente que Dios tiene al mundo en Sus manos, para disponer de él como le plazca...

Y es manifiesto, ciertamente, que Dios no es indiferente en cuanto al proceder de los asuntos del mundo que ha creado, debido a que no fue indiferente en la Creación misma; así como es evidente, por la manera y el orden en que las cosas fueron creadas, que Dios, al crear, se encargó del progreso y el estado futuros de todas las cosas en el mundo.[3]

D. A. CARSON

Es espectacularmente maravilloso hablar sobre Dios, pensar en Él. No hay ni habrá un tema más importante. Pero debemos aclarar a quién nos referimos cuando usamos la palabra *Dios*. Puede que alguien utilice la palabra *Dios* y luego alguien más utilice la palabra *Dios*, pero esto no implica que se refieran a lo mismo. Para algunos, Dios es un sentimiento inexpresable, o es la causa del comienzo del universo, o es un ser lleno de trascendencia. Pero estamos hablando del Dios de la Biblia, y el Dios de la Biblia se define a Sí mismo. Él dice ser eterno y justo. Es el Dios de amor. Es el Dios trascendente; es decir, está por encima del espacio, del tiempo y de la historia. Sin embargo, Él es el Dios *inmanente*; es decir, está tan cerca de nosotros que no podemos escapar de Él. Está en todo lugar. Es inmutable. Es confiable. Es personal.

Lo que es verdaderamente importante de ver y comprender, ya que Dios se ha revelado a Sí mismo no solo en palabras sino en toda la trama de la narrativa bíblica, es que no se nos permite tomar un atributo de Dios y aislarlo de los demás. No podemos, por ejemplo, tomar Su soberanía y olvidarnos de Su bondad. O tomar Su bondad y olvidarnos de Su santidad (Su santidad es lo que lo hace el Dios del juicio). O tomar Su juicio, incluso la severidad de Su juicio, y olvidarnos que Él es el Dios de amor, el Dios que tanto amó a Sus criaturas rebeldes que envió a Su Hijo a llevar el pecado en Su propio cuerpo sobre el madero.

En otras palabras, para realmente entender quién es Dios y postrarnos delante de Él aunque sea por lo poco que podemos comprender, es importante pensar una y otra vez en lo que dice la Biblia, e integrar todo su contenido con el mismo balance y en la misma proporción en que lo hace la misma Escritura. Eso nos lleva a la adoración. Y si ponemos cualquier otra cosa en el lugar de Dios, eso sería la definición misma de la idolatría.

Oración

Creador y Sustentador nuestro, todas las cosas subsisten en Ti. Tú conoces a la criatura más pequeña, y estás al mando del ejército más poderoso. Tú gobiernas con justicia. Ayúdanos a confiar en Tu bondad en todo cuanto hagas. Amén.

Pregunta 3

¿Cuántas personas hay en Dios?

En el único Dios vivo hay tres personas: el Padre, el Hijo y el Espíritu Santo. Ellos son la misma sustancia, iguales en poder y gloria.

2 CORINTIOS 13:14

Que la gracia del Señor Jesucristo, el amor de Dios y la comunión del Espíritu Santo sean con todos ustedes.

Comentario

RICHARD BAXTER

Es necesario que creamos en el gran misterio de la bendita Trinidad: Padre, Hijo y Espíritu Santo, siendo un único Dios, no solo en cuanto a Su inexistencia eterna e inescrutable, sino especialmente para que vivamos a la luz de los tres tipos de obras de Dios en medio de los hombres: es decir, como nuestro Creador y Dios de la naturaleza; como nuestro Redentor y Dios de gracia que gobierna y reconcilia; y como el Santificador y Perfeccionador que nos hace aptos para la gloria...

Dios es un Espíritu infinito, indivisible; y, sin embargo, debemos creer que Él es Padre, Hijo y Espíritu Santo... ¿Cómo se puede demostrar que el Espíritu Santo es Dios? Debemos ser bautizados en esta creencia como en la del Padre y del Hijo, y en que Él hace las obras de Dios y tiene los atributos del Dios de las Escrituras.[4]

Entre las doctrinas cristianas que muchas personas ignoran, la doctrina de la Trinidad es la más importante. Es absolutamente esencial para nuestra fe y, sin embargo, muchos cristianos la ven solo como un problema matemático muy confuso. E incluso si podemos descifrar lo que significa *Trinidad*, pareciera que no tiene gran relevancia para nosotros.

La palabra *Trinidad*, aunque famosa, no se encuentra en la Biblia, pero la palabra capta muy bien un conjunto de verdades bíblicas. Existen siete afirmaciones que están incluidas en la doctrina de la Trinidad:

1. Dios es uno. Solo hay un Dios.
2. El Padre es Dios.
3. El Hijo es Dios.
4. El Espíritu Santo es Dios.
5. El Padre no es el Hijo.
6. El Hijo no es el Espíritu.
7. El Espíritu no es el Padre.

KEVIN DEYOUNG

Si comprendes esas siete afirmaciones, entonces has comprendido la doctrina de la Trinidad —a lo que nos referimos cuando decimos que hay un Dios en tres personas.

Los cristianos somos monoteístas. No creemos en muchos dioses o en un panteón de dioses, sino en un solo Dios, y este Dios se expresa a Sí mismo y existe en tres personas. Ese lenguaje de *personas* es muy importante. La iglesia primitiva luchó por encontrar el lenguaje apropiado, y la palabra *personas* habla adecuadamente de la personalidad de los tres miembros de la Trinidad, así como de la relación que guardan entre ellos; el Padre, el Hijo y el Espíritu Santo cohabitan como una esencia y, sin embargo, hay distinciones. El uno no es el otro, pero son iguales en rango, iguales en poder, iguales en gloria e iguales en majestad. Así como sabemos que Jesús envió a los discípulos para ir y bautizar en el nombre del Padre, del Hijo y del Espíritu Santo, así también sabemos que esta doctrina de la santa Trinidad está entretejida a lo largo de las Escrituras.

Para muchas personas, esta pregunta es aún más confusa: "¿Qué hace que esto sea tan importante? Está bien, entiendo que hay tres en uno, uno en tres. ¿Qué diferencia hace esto en mi vida cristiana?". Siguiendo con el estilo trinitario, creo que esta doctrina tiene tres implicaciones importantes para nosotros.

En primer lugar, la Trinidad nos ayuda a comprender cómo puede haber unidad en la diversidad. Esta es una de las cuestiones más apremiantes en nuestro mundo. Algunos se enfocan casi exclusivamente en la diversidad, en el hecho de que las personas son diferentes. No ven que haya algún terreno común. Otros quieren insistir en que haya una completa uniformidad de pensamiento, tanto en el gobierno como en lo que expresamos. La Trinidad nos muestra que puede haber una unidad profunda, real y orgánica en la diversidad, ya que el Padre, el Hijo y el Espíritu Santo están trabajando en completa unidad en nuestra salvación. El Padre la planificó. El Hijo la llevó a cabo. El Espíritu la aplica. Encontramos a Dios en toda Su plenitud tanto en el Padre como en el Hijo y en el Espíritu Santo. Y, sin embargo, la obra divina de cada uno no es intercambiable ni redundante.

En segundo lugar, cuando tienes a un Dios trino, tienes la eternidad del amor. El amor ha existido desde la eternidad. Si tienes a un dios que no es tres personas, ese dios tiene que crear un ser a quien amar para poder expresar su amor. Pero el Padre, el Hijo y el Espíritu Santo, existiendo en la eternidad, siempre han sostenido esta relación de amor. Así que el amor no es una cosa creada. Dios no tuvo que salir de Sí mismo para amar. El amor es eterno. Y cuando tienes a un Dios trino, tienes la certeza de tener a un Dios que es amor.

Por último, y más importante aún, la doctrina de la Trinidad es crucial para el cristiano porque no existe nada más importante en el mundo que conocer a Dios. Si Dios existe como un Dios en tres personas, si la divina esencia subsiste en el Padre, el Hijo y el Espíritu Santo, si somos bautizados en este nombre trino, entonces ningún cristiano debería querer ignorar esta realidad trinitaria. A fin de cuentas, la Trinidad importa porque Dios importa.

👐 Oración

Padre, Hijo y Espíritu Santo, estás más allá de nuestra comprensión. Gracias por atraernos a Tu amor, un amor que existe antes que el mundo en la perfección de cada una de Tus tres personas. Amén.

Pregunta 4

¿Cómo y por qué nos creó Dios?

Dios nos creó como hombres y mujeres a Su propia imagen para que lo conociéramos, lo amáramos, viviéramos con Él y lo glorificáramos. Y lo correcto es que los que hemos sido creados por Dios vivamos para Su gloria.

GÉNESIS 1:27

Y Dios creó al ser humano a Su imagen;
  lo creó a imagen de Dios.
  Hombre y mujer los creó...

Comentario

J. C. RYLE

La gloria de Dios es lo primero que un hijo de Dios debe desear. Fue una de las peticiones de nuestro Señor al orar: "¡Padre, glorifica Tu nombre!" (Jn 12:28). Es el propósito por el cual el mundo fue creado. Es el fin para el cual los santos son llamados y convertidos. Debe ser nuestra meta principal, "que en todo sea Dios glorificado" (1P 4:11, RV60)...

Cualquier cosa por medio de la cual podemos alabar a Dios es un talento: nuestros dones, nuestra influencia, nuestro dinero, nuestro conocimiento, nuestra salud, nuestras fuerzas, nuestro tiempo, nuestros sentidos, nuestra razón, nuestro intelecto, nuestra memoria, nuestros afectos, nuestros privilegios como miembros de la iglesia de Cristo, nuestras ventajas como poseedores de la Biblia—todas estas cosas, todas, son talentos. ¿De dónde vienen estas cosas? ¿Qué mano las provee? ¿Por qué somos lo que somos? ¿Por qué no somos gusanos que se arrastran por la tierra? Solo existe una respuesta a estas preguntas. Todo lo que tenemos es un préstamo de Dios. Somos los mayordomos de Dios. Somos deudores de Dios. Dejemos que este pensamiento penetre profundamente en nuestros corazones.[5]

JOHN PIPER

¿Por qué hacemos imágenes? Porque queremos representar algo. Si haces una estatua de Napoleón, quieres que las personas piensen en Napoleón más que en la estatua. Y haces la estatua de tal forma que muestre algo específico del carácter de Napoleón.

Por eso Dios nos hizo a Su imagen. Podríamos discutir si aquello que refleja Su imagen es nuestra racionalidad, nuestra moralidad o nuestra voluntad, pero el punto es que Él hace a los humanos a Su imagen para que representen algo, es decir, a Sí mismo. Así que la razón de nuestra existencia es mostrar la existencia de Dios o, específicamente, mostrar la gloria de Dios. A mi entender, la gloria de Dios se refiere a las múltiples perfecciones de Dios—el resplandor, la exhibición, la transmisión de sus diversas y hermosas perfecciones. Queremos pensar, vivir, actuar y hablar de tal manera que resaltemos las múltiples perfecciones de Dios. Y creo que la mejor manera de hacerlo es estando totalmente satisfechos con esas perfecciones. Para nosotros deberían ser más significativas que el dinero, la fama, el sexo o cualquier otra cosa que pudiera competir por nuestros afectos. Y cuando las personas ven que valoramos a Dios de esa manera, y que Su gloria nos satisface plenamente, se dan cuenta de que Él es nuestro tesoro. ¡Muéstrame más! Creo que de eso es que se trata glorificar a Dios: reflejar fielmente Su imagen.

Y el lugar donde la gloria se ve más claramente es en ese evangelio en el que Cristo muere; el Hijo de Dios muere por los pecadores. Digo esto porque 2 Corintios 4:4 dice: "El dios de este mundo", Satanás, "ha cegado la mente de estos incrédulos, para que no vean la luz del glorioso evangelio de Cristo, el cual es la imagen de Dios". ¿Quieres saber dónde la gloria de Dios brilla más? Brilla más intensamente en Cristo, en el evangelio. Así que si queremos ser conformados completamente a Su imagen y exhibir Su gloria, aplicamos el versículo que está justo antes: "... mirando a cara descubierta como en un espejo la gloria del Señor, somos transformados de gloria en gloria en la misma imagen" (2Co 3:18, RV60). Y eso es obra del Espíritu.

Así que miramos a Jesús, lo atesoramos, lo amamos y, al hacerlo, somos transformados a Su imagen.

Cuando Dios dice que nos creó hombre y mujer con este propósito, eso no solo significa que queremos que las generaciones continúen haciéndolo, lo cual implica que habrá procreación, sino que también significa que esto sucede mejor en comunidad. No es bueno que el hombre esté solo.

Dios, Creación y Caída, Ley

¿Ante quién va a glorificar a Dios? Así que esta pequeña comunidad que fue creada en el principio, llamada hombre y mujer, es representativa de la comunidad donde la gloria de Dios es reflejada, primero hacia los demás miembros de esa comunidad, y después hacia el mundo.

Hagamos esto juntos. Ayudémonos unos a otros a glorificar a Dios.

👏 Oración

Creador de todo, no permitas que perdamos de vista que nosotros, y todo ser humano que has creado, hemos sido hechos a Tu imagen. Nunca dejes que dudemos esto acerca de nosotros. No permitas que dudemos esto acerca de cualquier hombre o mujer, porque hacerlo te niega la gloria que merece Tu nombre. Tu semejanza reflejada en nosotros testifica que te pertenecemos, en cuerpo y alma. Amén.

Pregunta 5

¿Qué más creó Dios?

Dios creó todas las cosas por medio de Su poderosa palabra y toda Su creación era muy buena; todo prosperaba bajo Su gobierno de amor.

GÉNESIS 1:31

Dios miró todo lo que había hecho,
y consideró que era muy bueno.

Comentario

JUAN CALVINO

Dios nos ha dado, a través de todo el marco de referencia de este mundo, evidencia clara de Su eterna sabiduría, Su eterna bondad y Su eterno poder; y aunque Él es invisible en Sí mismo, de cierta forma se vuelve visible para nosotros por medio de Sus obras. Es por esa razón que este mundo es llamado el espejo de Su divinidad; no que exista suficiente claridad para que los hombres adquieran un conocimiento pleno de Dios solo por contemplar a este mundo, sino que Él ha revelado tanto de Sí mismo que no hay excusa para la ignorancia de los impíos. Actualmente, los fieles, aquellos a quienes Él les ha abierto los ojos, ven destellos de Su gloria brillando en todo lo creado. Sin lugar a dudas, el mundo fue hecho para ser el teatro de Su divina gloria.[6]

R. KENT HUGHES

En ocasiones inicio mis tiempos con el Señor reflexionando en la inmensidad del universo—en que nuestra pequeña galaxia tenga cien mil millones de estrellas; en que existen cien mil millones más de galaxias, cada una de ellas con cien mil millones de estrellas; en que cada galaxia se extiende por cientos de años luz y que existen tres millones de años luz entre cada una de ellas. Eso es absolutamente fenomenal y asombroso.

La línea inicial del Antiguo Testamento dice: "Dios, en el principio, creó los cielos y la tierra" (Gn 1:1). La yuxtaposición de esas dos palabras opuestas —*cielos y tierra*— quiere decir que Él creó todo. Así que podrías leer ese texto como si dijera: "Dios, en el principio, creó el cosmos". Y después dijo que era bueno, pero dijo aún más que eso. Dijo que era muy bueno.

Cuando llegamos al Nuevo Testamento y a la revelación más completa de Jesucristo, aprendemos que el cosmos fue creado por Cristo mismo. Las primeras líneas del evangelio de Juan dicen: "En el principio ya existía el Verbo, y el Verbo estaba con Dios, y el Verbo era Dios. Él estaba con Dios en el principio. Por medio de Él las cosas fueron creadas; sin Él, nada de lo creado llegó a existir". Así que aquí tenemos al Cristo cósmico, el Creador de todas las cosas. En 1 Corintios 8:6, el apóstol Pablo dice que nuestra existencia se debe al único Dios y Padre, y al único Señor Jesucristo. Toda nuestra existencia depende de ellos.

Y después llegamos al increíble canto en Colosenses 1:16-17, que habla de Jesús: "... porque por medio de Él fueron creadas todas las cosas en el cielo y en la tierra, visibles e invisibles, sean tronos, poderes, principados o autoridades: todo ha sido creado por medio de Él y para Él. Él es anterior a todas las cosas, que por medio de Él forman un todo coherente".

Muchas veces he pensado que si pudiera ser el comandante de la nave *Enterprise* de *Star Trek* [*Viaje a las Estrellas*], y pudiera viajar fuera de nuestra galaxia y atravesar la Vía Láctea, y aumentar la velocidad a ocho veces la velocidad de la luz para ver las galaxias pasando rápidamente por la ventana de la nave hasta llegar a lo último del universo, y allí encontrara un grano de polvo estelar, estaría seguro de que fue creado por Cristo y de que Él mismo lo sustenta. Todo ha sido creado por Cristo. Los cometas, la luz que emiten las luciérnagas, todas las texturas, todas las formas, lo que hay en el cielo, lo que hay en la tierra, lo que hay debajo de la tierra, lo que hay debajo del mar—todo ha sido creado y es sostenido por Él.

Y eso significa que, como Él es el Creador de todas las cosas, todas las cosas están bajo Su cuidado amoroso y bondadoso. También debemos recordar que, como seres humanos—la cima de la creación—fuimos hechos a la imagen de Dios. Pero como personas regeneradas, también tenemos la imagen de Cristo. Lo que significa que podemos descansar en Su bondad, en Su gran poder de creación, pues Él controla todas las cosas y podemos prosperar en Él.

Oración

Señor, Tú creaste el universo con Tu palabra. Nos maravillamos al contemplar Tu creación, a pesar de que se ha corrompido. El resplandor de las estrellas revela Tu belleza. La fuerza del huracán nos muestra Tu poder. Las leyes matemáticas despliegan Tu orden. ¡Que todo lo que respire alabe al Señor por las obras de Sus manos! Amén.

Pregunta 6

¿Cómo podemos glorificar a Dios?

Glorificamos a Dios disfrutándolo, amándolo, confiando en Él y obedeciendo Su voluntad, Sus mandamientos y Su ley.

DEUTERONOMIO 11:1

Amen al Señor su Dios y cumplan siempre Sus ordenanzas, preceptos, normas y mandamientos.

Comentario

RICHARD SIBBES

Debido a que todo lo que recibimos proviene de Dios, debemos dejarlo todo a Sus pies y decir: "No viviré practicando el pecado que ofende a mi Dios". (…)

Solo tendremos verdadera libertad cuando nuestro corazón haya sido renovado por el Espíritu y se someta a Dios en Cristo. El Dios de toda gracia es quien nos da libertad, y cuando nuestro corazón está sujeto a Dios y es atraído hacia Él, disfrutamos de Su presencia y de Su paz. Dios hará que

Su gloria sea nuestra meta, y después nos dará gracia y gloria a nosotros también.[7]

BRYAN CHAPELL

¿Cómo podemos glorificar a Dios? Haciendo lo que Él dijo que hiciéramos, y creyendo todo lo que nos ha dicho.

Para entender bien lo que significa glorificar a Dios haciendo lo que Él nos ha dicho, tenemos que recordar el mandamiento que Él mismo considera como el más importante: amarlo a Él *sobre todas las cosas* y andar con Él *en toda circunstancia*. Después de todo, el Señor Jesús dijo: "*Ama al Señor tu Dios con todo tu corazón, con todo tu ser y con toda tu mente*. Este es el primero y el más importante de los mandamientos. El segundo se parece a este: *Ama a tu prójimo como a ti mismo*".

Si verdaderamente queremos honrar al Salvador, haremos lo que Él ha dicho que hagamos. Pero eso no significa que obedecemos por miedo al castigo. No se trata de eso. Es entender lo grande que es Su amor por nosotros, de tal modo que por amor a Él queramos caminar con Él. Y ese entendimiento significa que comenzamos diciendo: "Entiendo lo mucho que Él me ha amado, así que mi corazón está respondiendo por amor a Él".

Al hacer esto, mi forma de honrar a Dios no es pensar: "Oh no, me castigará si no lo hago". Eso significaría que podría estar obedeciéndolo, pero no disfrutando de Él. No, el verdadero amor por Dios implica un deleite en Su ley. Entiendo que cuando Dios me dice: "Camina conmigo", me está ofreciendo un camino bueno y seguro en la vida. De eso es que tratan los mandamientos de Dios. Nos explican, mostrándonos Su carácter y Su cuidado, que Él nos ha dado este camino seguro para la vida. Si te sales del camino tendrás consecuencias, por supuesto, porque este es el único camino bueno y seguro. Pero no nos mantenemos en el camino pensando que de alguna forma nos estamos ganando Su afecto. En lugar de ello, al contemplar a Cristo y particularmente Su sacrificio por nosotros, entendemos lo grande que es Su amor por nosotros. Cuando entendemos que la ley o los mandamientos reflejan el carácter de Dios y Su cuidado por nosotros, entonces nos gozamos al caminar por ese sendero porque nos permite experimentar la bondad de nuestro Dios. Eso significa que, independientemente de lo que esté enfrentando, amo a Dios con toda mi vida y quiero caminar con Él en todo momento de mi vida. Es así como honro Su corazón —lo glorifico por lo grande que es Su amor por mí— y muestro mi amor por Él al caminar por Su camino, no solo por obligación, sino para realmente disfrutar de Su bondad en mi corazón y en mi vida.

Hay muchos que piensan que están glorificando a Dios porque asienten con su cabeza y hacen todas las cosas que odian, porque de lo contrario Dios los castigaría. O, en ocasiones, hacen las cosas que piensan que Dios quiere para que Él les conceda más cosas buenas. Pero esta clase de egoísmo disfrazado—cuando hacemos algo para protegernos o promovernos—no es amor por Dios. Cuando hayamos entendido que Dios dio a Su Hijo por nosotros, que nos ha mostrado Su carácter y Su cuidado, entonces entenderemos que amarlo y disfrutarlo implica que nos gozamos al caminar por esa senda buena y segura para nuestra vida.

Caminaré con Él y lo amaré en todo lo que me pida, porque al hacerlo, disfrutaré andar por el camino que Él ha diseñado para mí, con el fin de darme la mejor vida posible.

Oración

Señor de gracia, queremos conocerte por completo y disfrutarte. Abre nuestros ojos para verte como eres en realidad, para que podamos confiar en Ti y anhelemos guardar Tus mandamientos. Ya sea por medio de pequeñas bondades o de gran valentía, permite que cada acto de obediencia te dé gloria. Amén.

Pregunta 7

¿Qué exige la ley de Dios?

Obediencia personal, perfecta y perpetua; que amemos a Dios con todo nuestro corazón, con toda nuestra alma, con toda nuestra mente y con todas nuestras fuerzas; y amar a nuestro prójimo como a nosotros mismos. Nunca debemos hacer lo que Dios prohíbe, y siempre debemos hacer lo que Él ordena.

MATEO 22:37-40

Ama al Señor tu Dios con todo tu corazón, con todo tu ser y con toda tu mente", le respondió Jesús. Este es el primero y el más importante de los mandamientos. El segundo se parece a este: "Ama a tu prójimo como a ti mismo". De estos dos mandamientos dependen toda la ley y los profetas.

Comentario

JOHN WESLEY

Amar al Señor Dios con todo tu corazón, con toda tu mente, con toda tu alma y con todas tus fuerzas es lo primero que debes procurar como cristiano. Debes deleitarte en el Señor tu Dios; buscando y encontrando toda felicidad en

Él. Debes escuchar y cumplir Su Palabra: "Hijo mío, dame tu corazón". Y al entregarle tu alma para que reine en ella sin rival, la plenitud de tu corazón te llevará a clamar: "Te amaré, Oh, Señor mío, mi fuerza. El Señor es mi roca fuerte; mi Salvador, mi Dios en quien confiaré". El segundo mandamiento está conectado al primero de una forma íntima e inseparable. "Ama a tu prójimo como a ti mismo". Ama—abrázalo con la más tierna bondad, el más cordial afecto, el más ardiente deseo de prevenir o quitar toda maldad, y de darle todo el bien que te sea posible. Tu prójimo—no solo tus amigos, tus familiares o tus conocidos; no solo los virtuosos que te aprecian, que te extienden su bondad o te devuelven la que les has dado, sino toda persona, sin excluir a aquellos que nunca has visto o conocido por nombre; sin excluir a aquellos que sabes que son malos e ingratos, aquellos que te utilizan despiadadamente. Incluso a estos debes amarlos como a ti mismo, con la misma sed invariable por su felicidad. Ten ese mismo tipo de cuidado para prevenir cualquier cosa que pueda herir tanto a su alma como a su cuerpo. Esto es amor.[8]

JUAN SÁNCHEZ

Cuando preguntas: "¿Qué exige la ley de Dios?", la respuesta corta es *obediencia perfecta*. Ahora, eso suena desalentador, pero debemos entender el contexto en el que la ley fue dada. Fue dada en el contexto de la gracia, la iniciativa salvadora de Dios. Cuando Dios rescató a Israel de Egipto y los condujo al Sinaí, declaró: "Si ahora ustedes me son del todo obedientes, y cumplen Mi pacto", después les dijo entonces que Él sería su Dios y ellos Su pueblo. Así que el contexto de la ley es la iniciativa salvadora de Dios. La obediencia perfecta que la ley demanda es una respuesta a la iniciativa salvadora de Dios, y se trata de una devoción incondicional.

La forma en que el Antiguo Testamento lo declara es: "Ama al Señor tu Dios con todo tu corazón y con toda tu alma y con todas tus fuerzas" (Dt 6:5). El contexto de la gracia nos motiva a responder con devoción incondicional al Dios que salva. Es una respuesta de fe llamada amor. Y ese amor también se manifiesta en nuestro amor al prójimo. Solo que hay un problema. No podemos obedecer perfectamente. Pero hay buenas noticias. En Jeremías 31, Dios dice que escribirá la ley en el corazón de Su pueblo. En Ezequiel 36, Dios explica: "Les quitaré ese corazón de piedra que ahora tienen, y les pondré un corazón de carne. Infundiré Mi Espíritu en ustedes, y haré que sigan Mis preceptos y obedezcan Mis leyes" (v 26-27). Estas promesas están ligadas a un nuevo pacto que Dios iniciaría a través de un rey prometido que sería descendiente de David. El Nuevo Testamento revela que el Rey prometido que inaugura este nuevo pacto es Jesús.

Jesús vino a hacer lo que nosotros no podíamos hacer. Sin dejar de ser Dios, Jesús descendió del cielo y tomó nuestra humanidad para poder salvarnos (Heb 2:14-18). Como nuestro representante humano, Jesús cumplió la ley de Dios de dos formas: obedeciendo perfectamente los mandamientos de Dios y sufriendo el castigo—la muerte—que todos los quebrantadores de la ley merecían. El evangelio anuncia que todos los que se confiesen culpables de quebrantar la ley de Dios, se aparten de sus pecados y confíen en Jesús recibirán el perdón de sus pecados, y la obediencia perfecta de Jesús será contada a su favor.

Por medio de Su vida, muerte, sepultura y resurrección, Jesús inauguró ese nuevo pacto y Sus promesas de un nuevo corazón (Jer 31) y de la presencia del Espíritu de Dios en nuestro interior (Ez 36). Nuestra única esperanza de cumplir con lo que la ley exige es el nuevo nacimiento prometido en el nuevo pacto. A aquellos que han nacido a una nueva vida en Cristo se les ha otorgado un nuevo corazón, y el Espíritu de Dios mora en su interior, capacitándolos para obedecer.

La buena noticia es que bajo este nuevo pacto, el pueblo de Dios ahora puede obedecer la ley de Dios. Una vez más, vemos que los mandamientos de Dios no establecen una relación con Dios. La obediencia es nuestra respuesta a la obra salvadora de Dios. Es una respuesta de fe en amor. Dios nos ha salvado en Jesucristo y respondemos obedeciendo en amor, confiando en Él.

Oración

Gran Dador de la ley, Tu ley es perfecta, y mereces una obediencia perfecta. No permitas que nos limitemos a pensar que Tu ley exige una mera sumisión externa; requiere toda la atención de nuestras mentes y de nuestros corazones. ¿Quién está a la altura de semejante tarea? Confesamos que no somos capaces de cumplir Tu ley. Amén.

Pregunta 8

¿Cuál es la ley de Dios resumida en los Diez Mandamientos?

No tengas otros dioses además de Mí. No te hagas ningún ídolo, ni nada semejante a lo de arriba en el cielo ni a lo de abajo en la tierra, ni con lo que hay en las aguas debajo de la tierra. No te inclines delante de ellos ni los adores. No uses el nombre del Señor tu Dios en falso. Acuérdate del sábado, para consagrarlo. Honra a tu padre y a tu madre. No mates. No cometas adulterio. No robes. No des falso testimonio. No codicies.

ÉXODO 20:3

No tengas otros dioses además de Mí.

Comentario

JOHN BUNYAN

El peligro aquí no está en el quebrantamiento de solo uno o dos de estos diez, sino en la transgresión de cualquiera de ellos. Como sabes, si un rey decreta diez mandamientos específicos, sus súbditos deben obedecerlos; ahora, si alguien quebranta uno de estos diez, habrá cometido traición, como si los hubiera quebrantado todos, y merece que se le aplique la sentencia que dicta la ley, como si hubiera quebrantado cada uno de los mandamientos... Estas cosas son ciertas en lo referente a la ley de Dios, ya que es un pacto de obras: Si un hombre cumple nueve de los mandamientos y quebranta solo uno, ese mandamiento quebrantado lo destruirá y lo apartará de los deleites del cielo, como si realmente los hubiera quebrantado todos... Aunque cumplieras este pacto o ley, incluso todos sus mandamientos, por un largo periodo de tiempo—diez, veinte, cuarenta, cincuenta o sesenta años—pero quebrantas uno de ellos justo antes de morir, estarás perdido por este pacto... Como aquellos que están bajo el pacto de la gracia serán ciertamente salvos por el mismo, así los que están bajo el pacto de las obras y de la ley serán condenados por él si continúan en él.[9]

JOHN YATES

Debido a que Dios nos creó, nos ama y sabe lo que es mejor para nosotros, Él nos ha dado dirección moral y espiritual para vivir la vida de la mejor forma. Los Diez Mandamientos son un regalo que Dios nos da en amor. Por supuesto que esto es cierto respecto a toda la Escritura, pero el corazón y el alma de la guía de Dios se encuentra en los Diez Mandamientos. Dios le pronunció las palabras a Moisés, y el pueblo de Israel las escuchó (Éx 20). Después, Moisés repitió los Diez Mandamientos (Dt 5). Los Diez Mandamientos deben ser memorizados, ponderados y adoptados como un estilo de vida.

Jesús enseñó y aclaró un significado más profundo de los Diez Mandamientos. Mientras explicaba los Diez

Mandamientos en los Evangelios, elevó el estándar de nuestro entendimiento sobre lo que Dios espera de nosotros. Por ejemplo, en Mateo 5:21, Jesús explicó el significado de "no matarás". Dijo que todo el que se enoje contra su hermano será juzgado.

Los primeros cuatro mandamientos tratan acerca de nuestra relación con Dios, y Jesús los resume diciendo: "Ama al Señor tu Dios con todo tu corazón, con todo tu ser y con toda tu mente". Los últimos seis mandamientos tratan acerca de nuestra relación con el prójimo, y Jesús los resume diciendo: "Ama a tu prójimo como a ti mismo" (Mt 22:37, 39).

Los mandamientos son nuestro tesoro. Los apreciamos. Son un regalo, un regalo de amor de parte de Dios. Nos guían. Nos advierten. Nos protegen. Cuando los guardamos, estamos mostrándole a los demás cómo es Dios. Cuando los quebrantamos, traemos gran peligro a nuestras vidas y deshonramos a nuestro Creador.

Nos cuesta cumplir los Diez Mandamientos porque el hombre nace en esclavitud al pecado y al egoísmo. Y no podemos evitar quebrantar la santa ley de Dios. Pero cuando nos convertimos en nuevas criaturas en Cristo, recibimos al Espíritu Santo en nuestro interior. Somos liberados de tener que pecar y se nos da la gracia para cumplir la ley de Dios. Cumplir los mandamientos de Dios no es una carga, sino que nos ayuda a vivir en paz con Dios, con nosotros mismos y con nuestro prójimo.

Para poder cumplir estos Diez Mandamientos con gozo, tenemos que percatarnos de que son un regalo de Dios para nosotros. Es como aprender a decir la verdad. Cuando eres joven, en ocasiones sientes que debes engañar a otros y no decir la verdad para protegerte a ti mismo. Con el paso del tiempo, aprendes a no engañar a otros. Aprendemos a decir la verdad. Aprendemos a practicar la honestidad.

Esa es la razón por la que los profetas amaban la ley de Dios, y debería ser la nuestra también. Guardar los Diez Mandamientos nos protege. Protege a la sociedad. Estos principios reflejan el diseño de Dios para nuestras vidas.

Oración

Dios santo, mostraste amor por Tu pueblo al darnos Tus mandamientos. Permítenos siempre estar agradecidos por Tu ley. No nos has dejado a ciegas en cuanto a cómo caminar en la senda de la justicia. Ayúdanos a glorificarte al obedecer Tus Diez Mandamientos. Amén.

Pregunta 9

¿Qué es lo que Dios exige en el primer, el segundo y el tercer mandamiento?

En el primero, que conozcamos a Dios y confiemos en Él como el único Dios vivo y verdadero. En el segundo, que evitemos toda idolatría y no adoremos a Dios inapropiadamente. En el tercero, que tratemos el nombre de Dios con temor y reverencia, honrando también Su Palabra y Sus obras.

DEUTERONOMIO 6:13-14

Teme al Señor tu Dios, sírvele solamente a Él, y jura solo en Su nombre. No sigas a esos dioses de los pueblos que te rodean.

Comentario

CHARLES HADDON SPURGEON

Dios conduce a los hombres a ver que el Dios revelado en la Escritura y manifestado en la persona del Señor Jesús es el Dios que hizo el cielo y la tierra. El hombre construye para sí mismo un dios a su gusto; si no lo hace de madera o de piedra, lo hace de lo que él llama su propia conciencia, o su pensamiento cultural; una deidad a su gusto que no sea tan severa con sus iniquidades o cuya justicia hacia el impenitente no sea tan estricta. Él rechaza a Dios tal cual es, creando otros dioses según su idea de cómo debería ser, y dice de estas obras de su imaginación: "¡Israel, aquí tienes a tus dioses!".

Sin embargo, cuando el Espíritu Santo ilumina nuestras mentes, nos hace ver que Jehová es Dios y que fuera de Él no hay nadie más. Él enseña a Su pueblo para que sepan que el Dios del cielo y de la tierra es el Dios de la Biblia, un Dios cuyos atributos están completamente balanceados: misericordia con justicia, amor acompañado de santidad, gracia vestida de verdad, y poder junto con ternura. Dios no juega con el pecado ni se deleita en él como los dioses de los paganos, sino que es un Dios que no puede ver iniquidad y que no pasará por alto al culpable. Esta es la gran batalla de la actualidad entre el filósofo y el cristiano. El filósofo dice: "Está bien, digamos que hay un dios, pero su carácter debe ser conforme a esto que te presento"; pero el cristiano responde: "Nuestro trabajo no es inventarnos a un dios, sino obedecer al único Señor que es revelado en la Escritura".[10]

JOHN LIN

Los primeros tres mandamientos nos muestran cómo debemos vivir a la luz de que hay un único Dios vivo y verdadero. El primer mandamiento nos dice que no debemos tener otros dioses fuera de Dios. Él debe ser el objeto exclusivo de nuestra adoración, el mayor objeto de nuestro amor y deseo. El segundo mandamiento es similar y nos dice que no debemos adorar a Dios según nuestra propia idea de quién es Dios, lo que la Biblia llama idolatría. Debemos adorar a Dios de acuerdo a quién Él es y no de acuerdo a lo que queremos que Él sea. En otras palabras, no adores a dioses falsos y no adores a Dios falsamente.

El tercer mandamiento es bastante similar a los primeros dos. No debes utilizar inadecuadamente o maltratar el nombre de Dios. Sabemos que el nombre de Dios describe Su carácter, la esencia de Su ser, por lo cual Él mismo dijo a Moisés que Su nombre es "Yo Soy". En otras palabras, Dios está diciendo: "Mi nombre es que Yo existo en Mí mismo y soy eterno". No utilizar el nombre de Dios inadecuadamente no solo implica que existen ciertas palabras que podemos utilizar y otras que no debemos pronunciar. Significa que cuando hablamos de Dios, ya sea con palabras o con nuestro estilo de vida, debemos honrar y respetar toda Su identidad. Consideremos los primeros dos mandamientos un poco más a fondo. Digamos, por ejemplo, que crees en tu corazón que tener cierta meta en tu vida—prestigio, alguna clase de trabajo, una relación con la persona de tus sueños—te proveerá la mayor comodidad y le dará valor a tu vida. De una forma funcional, esperas que esa meta te llene más que Dios. Eso es quebrantar el primer mandamiento. Has convertido a tu meta en un dios. El prestigio, cierto trabajo o una persona se ha convertido en el objeto de tu adoración.

La otra cara es que si adoras a Dios porque crees que Él debe proveerte comodidad, dándote el prestigio, el trabajo o la relación que deseas, también estás violando los mandamientos. Has impuesto tu concepto de quién es Dios sobre Dios. Has creado un dios a tu medida, un ídolo. Los primeros dos mandamientos establecen que solo adoremos a

Dios, que adoremos a Dios como Dios verdadero y que no adoremos a los dioses que fabricamos, a los ídolos.

Así que ¿por qué insisten estos mandamientos en que adoremos solamente a Dios y en que lo adoremos como Él es y no como queremos que sea? ¿Por qué el tercer mandamiento insiste en honrar y respetar Su nombre y Su carácter? Es porque Dios nos creó con un deseo que solo Él puede satisfacer —un deseo por Él. Si siempre estamos intentando cambiar lo que Dios es o reemplazarlo con otra cosa, nunca estaremos en paz. Nunca experimentaremos verdadero consuelo, verdadero propósito, ni verdadero gozo. Nunca estaremos completos. Pero si Dios está en el centro de nuestras vidas, no otro dios ni una versión modificada de Dios, sino el Dios vivo y verdadero, entonces tendremos verdadera paz.

Esto es precisamente lo que escribió Agustín: "Nos has creado para Ti, y nuestro corazón estará inquieto hasta que descanse en Ti".[11]

Oración

Único Dios, Tu nombre es sobre todo nombre y venimos a Ti con reverencia y con temor. Permite que seamos fieles a Tus mandamientos. Revélanos cualquier dios falso en nuestras vidas. Permite que te alabemos solo a Ti en espíritu y en verdad. Amén.

Pregunta 10

¿Qué es lo que Dios exige en el cuarto y el quinto mandamiento?

En el cuarto, que durante el día de reposo pasemos tiempo adorando a Dios en público y en privado, descansando de nuestro trabajo rutinario, sirviendo al Señor y a los demás, de tal forma que anticipemos el día de reposo eterno. En el quinto, que amemos y honremos a nuestros padres, sometiéndonos a su disciplina y dirección piadosas.

LEVÍTICO 19:3

Respeten todos ustedes a su madre y a su padre, y observen Mis sábados. Yo soy el Señor su Dios.

Comentario

JUAN CALVINO

Ahora es sencillo comprender la doctrina de la ley—es decir, que debemos ver a Dios, nuestro Creador, como un Padre y un Maestro, y que debemos temerle, amarle, reverenciarle y glorificarle; no nos pertenecemos a nosotros mismos, por lo que no debemos seguir el curso que nos dictan nuestras pasiones, sino que tenemos la obligación de obedecerle implícitamente y de someternos completamente a Su buena voluntad. Una vez más la ley nos enseña que, para Dios, la justicia y la rectitud son un deleite, y la injusticia una abominación; por tanto, de la misma forma en que no nos rebelaríamos contra nuestro Creador con una ingratitud impía, tenemos que asumir que debemos invertir toda nuestra vida en cultivar la justicia. Porque si manifestamos ser reverentes solo cuando preferimos Su voluntad sobre la nuestra, estamos sugiriendo que el único servicio legítimo es la práctica de la justicia, la pureza y la santidad. Tampoco podemos poner la excusa de que no tenemos el poder para hacerlo y que, como deudores cuyos medios se han agotado, somos incapaces de pagar. No podemos medir la gloria de Dios por nuestra capacidad; cualquiera que sea nuestro estado, Él sigue siendo el mismo: el amigo de la justicia, el enemigo de la injusticia, y estamos obligados a obedecer en todo lo que Él nos pida, ya que Él solo puede pedir lo que es correcto.[12]

TIMOTHY KELLER

Si leemos toda la Biblia, Antiguo y Nuevo Testamento, veremos que el mandamiento de guardar el día de reposo tiene dos aspectos.

Primero, es una práctica crucial. En nuestras vidas se nos exige tener un ritmo equilibrado entre el trabajo y el descanso, y se nos prohíbe trabajar en exceso.

También se nos exige nutrir nuestros cuerpos y almas. No se supone que solo nutramos nuestros cuerpos. Debemos rejuvenecer nuestra alma a través de la comunión, la oración, la devoción y la adoración congregacional cada semana.

Sin embargo, también es cierto que el Nuevo Testamento nos muestra que el día de reposo apunta hacia un tipo de descanso más profundo. Hebreos 4 dice que cuando creemos en Cristo y en el evangelio, descansamos de nuestras obras. Lo que significa que el gran peso de tener que ganarnos la salvación nos es quitado. En esta vida experimentamos parte de esa clase de descanso, pero solo podremos disfrutarlo plenamente en el futuro, en los cielos nuevos y en la tierra nueva. Lo creemos y lo anhelamos. Y nos consuela profundamente en tiempos de debilidad.

El quinto mandamiento, honrar y respetar a nuestros padres, también debe ser leído a la luz del evangelio. El mandamiento dice que, como niños, debemos obedecer a nuestros padres. Como adultos, debemos respetar y escuchar a nuestros padres. Y, sin embargo, el evangelio también nos recuerda que Dios es nuestro Padre, que por gracia hemos sido traídos a Su familia, y que Él es nuestra principal fuente de amor. Y si nuestra principal relación *phileo* es con Él, entonces también seremos capaces de amar y honrar a nuestros padres, sin esperar que ellos nos provean lo que solo Dios nos puede dar.

🙌 Oración

Padre que das vida, la única forma en que podemos prosperar es caminando en Tus sendas. Tú nos has creado, y nos dices que debemos descansar. Guárdanos de trabajar incesantemente y justificarlo. Danos humildad para honrar a nuestros padres. Permite que siempre vivamos según Tus mandamientos y no según nuestros instintos. Amén.

Pregunta 11

¿Qué es lo que Dios exige en el sexto, el séptimo y el octavo mandamiento?

En el sexto, que no le hagamos daño, ni odiemos, ni seamos hostiles a nuestro prójimo, sino que seamos pacientes y pacíficos, tratando incluso a nuestros enemigos con amor. En el séptimo, que nos abstengamos de la inmoralidad sexual y vivamos en pureza y fidelidad, ya sea en el matrimonio o en la soltería, evitando cualquier acción, mirada, palabra, pensamiento o deseo impuro, y cualquier cosa que conduzca a ellos. En el octavo, que no tomemos sin permiso lo que le pertenece a otro ni retengamos cualquier bien que pueda ser de beneficio para otro.

ROMANOS 13:9

Porque los mandamientos que dicen: "No cometas adulterio", "No mates", "No robes", "No codicies", y todos los demás mandamientos, se resumen en este precepto: "Ama a tu prójimo como a ti mismo".

💬 Comentario

DAVID MARTYN LLOYD-JONES

El hombre no puede cumplir ni los Diez Mandamientos. Y, sin embargo, habla como si fuera plenamente capaz de cumplir el Sermón del Monte y de imitar a Cristo... Y si un hombre no puede cumplir los Diez Mandamientos, de la forma en que los entiende, ¿qué esperanza tiene de cumplirlos de la forma en que los interpreta el Señor Jesucristo? Ese era el problema de los fariseos con Jesús. Lo odiaron, hasta que finalmente lo crucificaron. Ellos pensaban que estaban cumpliendo los Diez Mandamientos y la ley moral. Nuestro Señor los convenció de que no lo estaban haciendo, y los condenó por ello. Ellos afirmaban nunca haber cometido asesinato. Y el Señor básicamente les dice: "Un momento. ¿Alguna vez le has dicho "necio" a tu hermano? Si lo has hecho, eres culpable de homicidio. Asesinar a alguien no se limita a matarlo físicamente, sino que también sucede cuando hay amargura y odio en tu corazón...". Y seguro recordarás que enseñó lo mismo respecto al adulterio. Ellos afirmaban ser inocentes. (...) "Pero Yo les digo que cualquiera que mira a una mujer y la codicia ya ha cometido adulterio con ella en el corazón" (Mt 5:28). Es culpable; ha codiciado, ha deseado. Y es que la forma en que nuestro Señor interpreta la ley muestra que un deseo pecaminoso es tan condenable como un acto. A los ojos de Dios, el pensamiento y la imaginación son tan reprensibles como el acto cometido.[13]

STEPHEN UM

Los cristianos tienen la obligación de obedecer los Diez Mandamientos porque encontramos en ellos las leyes de Dios.

Pregunta 11

Encontramos en la interpretación de Jesús contenida en el Sermón del Monte que los estándares de la ley son mucho más altos de lo que asumimos. No se trata simplemente de no cometer adulterio, de no matar o de no robar. Jesús dice, al interpretar el sexto mandamiento, que si albergas amargura, si eres incapaz de perdonar a alguien, si llamas a una persona *raca* (es decir, si no lo consideras como una persona), entonces has asesinado a esa persona en tu corazón. También dice que si tienes lujuria en tu corazón estás quebrantando el séptimo mandamiento porque eso es adulterio. Si eres materialista y no eres radicalmente generoso, eres un codicioso. Así que Jesús eleva el estándar de los mandamientos al más alto nivel.

Martín Lutero escribió que no puedes quebrantar los demás mandamientos sin antes quebrantar el primero.[14] Es decir, si quebrantas los mandamientos es porque hay algo que estás valorando más que a Dios.

Lutero también dijo que cuando hay una prohibición negativa en los Diez Mandamientos, se asume una implicación positiva.[15] Por tanto, cuando dice que no debes matar, también significa que debes amar radicalmente a los demás, incluyendo a tus prójimos y a tus enemigos. Y cuando dice que no debes adulterar, se asume que debes ser fiel a tu cónyuge y reconocer la sexualidad como un hermoso regalo de Dios. Por tanto, si estás en una relación matrimonial, debes reconocer que es un pacto entre un hombre y una mujer. Cuando dice que no debes robar, se entiende que debes ser radicalmente generoso.

Estas son las responsabilidades del cristiano a la luz de los Diez Mandamientos. Pero el problema es que somos incapaces de obedecerlos perfectamente. ¿Cómo resolveremos esta dificultad?

Jesucristo es el segundo Adán, el verdadero Israel, la cabeza y el representante de la iglesia que ha venido a cumplir perfectamente las obligaciones de la ley. Ahora Su obediencia y Su justicia son nuestras, y Su Espíritu nos capacita para obedecer las obligaciones y las exigencias de la ley. Aunque no las obedeceremos perfectamente, sabemos que no seremos aplastados por la ley, y podemos tratar de obedecer la ley de Dios con confianza porque sabemos que Jesucristo ha cumplido perfectamente esos requerimientos por nosotros. Por tanto, podemos vivir sin miedo a ser rechazados por Dios debido a nuestra desobediencia o falta de obediencia perfecta. Sabemos que Jesucristo ha cumplido todas estas cosas, cumpliendo así todo lo que la ley exige de nosotros.

Oración

Fiel Pastor de nuestras almas, Tú nos creaste para vivir en esta tierra en amor y comunión, pero fallamos una y otra vez. Que Tu amor gobierne cada una de nuestras relaciones para que caminemos en pureza, desechando la lujuria y la codicia, para gloria de Tu nombre. Amén.

Pregunta 12

¿Qué exige Dios en el noveno y el décimo mandamiento?

En el noveno, que no mintamos ni engañemos, sino que hablemos la verdad en amor. En el décimo, que estemos contentos y no envidiemos a nadie ni nos ofendamos por lo que Dios les ha dado, o por lo que nos ha dado a nosotros.

SANTIAGO 2:8

Hacen muy bien si de veras cumplen la ley suprema de la Escritura: "Ama a tu prójimo como a ti mismo".

Comentario

JOHN BRADFORD

No des falso testimonio en contra de tu prójimo. Ahora debes, oh Señor de toda gracia, instruirme en este mandamiento, cómo debo utilizar mi lengua para con mi prójimo y cómo debo comportarme respecto a su nombre, prohibiéndome dar falso testimonio... Tú me prohibes toda clase de calumnia, mentira, hipocresía e infidelidad. ¿Y por qué?

Porque debido a que somos "miembro de un cuerpo", deseas que hablemos verdad unos con otros, que tengamos el cuidado de cubrir las debilidades de los demás y defendamos el nombre de otros con nuestra lengua, así como quisiéramos que los demás defiendan el nuestro: así como en este mandamiento me prohibes toda clase de palabras perversas y calumniadoras, también demandas que todo mi hablar sea piadoso, honesto y verdadero… ¡Cuán bueno es esto para mí! Si consideramos el daño que proviene de la mentira, y por las palabras con que muchos son engañados, es fácil ver Tu maravillosa bendición y cuidado para con nosotros en este mandamiento.

No codicies… Aquí, oh Dios de toda gracia, me das el último mandamiento de Tu ley, en el que me enseñas qué acciones externas debo evitar, para que por medio de ellas no ofenda o agravie a mi prójimo, como con asesinato, adulterio, robo o falso testimonio. *Ahora* me enseñas una regla para mi corazón… que no debo codiciar nada que sea propiedad de mi prójimo. Por tanto, sé que si tiene una casa que es mejor que la mía, no debo desearla; si tiene una esposa más bella que la mía, no debo desearla… No debo querer quitarle su buey, su vaca, ni su perro; no, ni siquiera la más mínima cosa que posea. Así que tal como en los otros mandamientos has prohibido todo daño y mala práctica contra mi prójimo, ahora me pides tener cuidado de no albergar malos pensamientos contra él… El apóstol lo dijo bien al enseñarnos, diciendo: "Depositen en Él toda ansiedad, porque Él cuida de ustedes". Es verdad, sé que es verdad: que cuidas de nosotros, y que quieres que nos cuidemos unos a otros.[16]

Pregunta 12

THABITI ANYABWILE

La lengua es un mal irrefrenable. Santiago 3 nos dice que incendia a toda la persona. Así que el noveno mandamiento tiene el propósito de refrenar la lengua. Tiene la intención de refrenar la lengua con la verdad, enseñándonos a desechar la falsedad y la mentira. En nuestra cultura, acusar a alguien de haber dicho una *mentira* es un gran insulto, así que muchas personas dudan de siquiera utilizar ese término. Creo que esta duda revela la tendencia de nuestros corazones caídos a rehuirle a este mandamiento—a la vez que muestra su necesidad del mismo.

¿Qué significa que pensemos que el mandamiento "no des falso testimonio" o la palabra *mentira* sean una descortesía? Probablemente indica que de alguna manera ya estamos ocultando la verdad. Ya estamos quedándonos cortos de lo que es completamente bueno, justo y verdadero. Y el noveno mandamiento nos condena por ello. Señala nuestra condición caída cuando se trata del uso de nuestra lengua y de la destrucción que esa lengua representa.

Y, de la misma forma, el décimo mandamiento: "No codicies". Si puedes imaginar al corazón teniendo manos, la codicia sería como si él estuviera tratando de agarrar todo lo que desea, tomando cosas que no le pertenecen. Pero lo notable y hermoso de este mandamiento—de hecho, de toda la Escritura—es que a pesar de que el mandamiento hace referencia a algo interno (el deseo interno del corazón), también señala las implicaciones sociales de ese deseo interno. Así que se nos dice: "No codicies la casa *de tu prójimo*". Ni su esposa, ni su ganado, ni nada que le pertenezca.

El décimo mandamiento nos establece una especie de barrera que nos protege contra las formas en que la codicia tiende a cruzar los límites. Somos tentados a cruzar el límite de los deseos, anhelando cosas que no nos pertenecen. Cruzamos la línea de la propiedad, tomando cosas que le pertenecen a otra persona (el ganado de tu prójimo, la esposa de tu prójimo). Así que, en términos sociales, nuestra codicia hiere a nuestro prójimo. Y hay otra línea que solemos cruzar. Cuando codiciamos, lo que realmente estamos diciendo es que Dios no ha hecho una buena distribución en Su creación porque no nos ha dado lo que deseamos. Así que el corazón, en su condición caída y pecaminosa, desea cosas que no le pertenecen y busca cosas que le pertenecen a otro—al prójimo o a Dios.

Estos mandamientos nos hablan y nos llaman a decir la verdad. Y no solo a decir la verdad, sino a decir esa verdad *en amor*. Nos llaman a limitar, a refrenar y a reconducir nuestros deseos hasta que anhelemos aquello que es bueno y correcto. Nos llaman a cosas que Dios nos ha dado legítimamente para que las disfrutemos, y a estar contentos con la forma en que Dios ha distribuido Sus bendiciones y gobierna Su creación. Nos llaman a no salirnos de ese contentamiento tomando aquello que no nos pertenece, pues cuando lo hacemos, estamos destruyendo la sociedad, la cultura y a nuestro prójimo. Esto es verdad aun cuando esa codicia solo sucede en nuestro corazón.

👐 Oración

Señor de toda verdad, ayúdanos a reflejar Tu bondad con nuestras palabras y con nuestras obras. Tú conoces todas las cosas. Nada te es oculto. Tú das buenas dádivas y no le niegas nada bueno a Tus hijos. Permite que Tu verdad esté en nuestros labios y que haya contentamiento en nuestros corazones. Amén.

Pregunta 13
___

¿Puede alguien cumplir perfectamente la ley de Dios?

Desde la Caída, ningún hombre ha sido capaz de cumplir la ley de Dios de manera perfecta, sino que la quebranta una y otra vez con sus pensamientos, palabras y obras.

📖 ROMANOS 3:10-12

No hay un solo justo, ni siquiera uno;
 no hay nadie que entienda,
 nadie que busque a Dios.
Todos se han descarriado, a una se han corrompido.
 No hay nadie que haga lo bueno;
 ¡no hay uno solo!

💬 Comentario

JOHN OWEN
___

Un viajero va por su camino y se encuentra con una tormenta violenta de truenos y lluvia, e inmediatamente busca alguna casa o árbol donde refugiarse. A pesar de ello, no desiste de su viaje, sino que tan pronto pasa la tormenta regresa a su camino y continúa su viaje. Así es el hombre que es esclavo del pecado: la ley llega a él en una tormenta de truenos y relámpagos del cielo, atemorizándolo en su camino y llevándolo a desviarse; se vuelve a la oración o a la corrección de su estilo de vida, buscando refugio de la tormenta de ira que teme llegue sobre su conciencia. ¿Pero se ha detenido su viaje? ¿Han cambiado sus principios? De ninguna manera; tan pronto termina la tormenta... regresa a su antiguo camino, al servicio del pecado.[17]

Nunca nos permitamos pensar que el trabajo de contender contra el pecado, de crucificarlo, mortificarlo y subyugarlo ha llegado a su fin. El lugar en el que habita es inescrutable; y cuando pensamos que hemos ganado la batalla, aún queda alguna reserva que no vemos y de la cual no sabemos. Muchos conquistadores han sido arruinados por su descuido después de una victoria; y muchos han sido heridos espiritualmente después de un gran éxito frente al enemigo... No hay manera de que persigamos al pecado en su inescrutable habitación, a menos que lo persigamos sin cesar.[18]

LEO SCHUSTER

Dios nos creó para que le amemos, le disfrutemos, le glorifiquemos y le obedezcamos y, al hacerlo, prosperemos como seres humanos. Si es así, ¿por qué nos cuesta tanto hacerlo? Como una sofisticada pieza de maquinaria que está descompuesta, no funcionamos de la manera en que fuimos diseñados para hacerlo debido a la Caída. ¿Qué es la Caída? Dios creó a los humanos con la capacidad de cumplir Su ley de una forma perfecta, pero perdimos esa capacidad cuando el primer humano y representante de la raza humana, Adán, decidió rebelarse y desobedecer a Dios. Él cayó en una condición de pecado y arrastró a toda la humanidad consigo. La Biblia describe esta condición de diferentes maneras —rebelión espiritual, ceguera, enfermedad, esclavitud y muerte.

¿Cómo nos afecta actualmente? Como resultado de la Caída, nuestro espíritu no solo fue afectado, sino que pasó a estar incapacitado. No solo somos débiles, sino que no tenemos ningún poder innato para obedecer la ley de Dios y glorificarle. Estamos separados de nuestro Creador, de los demás y del resto de la creación. En esta condición espiritual somos incapaces de obedecer la ley de Dios no solo con nuestras acciones y palabras, sino incluso con nuestros pensamientos, actitudes y motivaciones. Tal como dijo el profeta Jeremías: "Nada hay tan engañoso como el corazón. No tiene remedio. ¿Quién puede comprenderlo?" (17:9). Por tanto, estamos separados de Dios y somos culpables delante del Dios santo del cielo y de la tierra.

Por supuesto, esto es muy desalentador, pero no es el final de la historia; solo es el principio. Estas son las malas noticias que preceden la espectacularmente buena noticia del evangelio que nos da vida y esperanza. Aunque somos incapaces de cumplir perfectamente la ley de Dios, hay Alguien que cumplió esa ley de una forma perfecta en nuestro lugar. Jesús obedeció fielmente a Su Padre, incluso hasta el punto de morir en la cruz, para que aquellos que confiamos solamente en Él no sigamos viviendo bajo la culpa, el poder y la esclavitud del pecado, sino que seamos liberados. Jesús dijo: "Así que, si el Hijo los libera, serán ustedes verdaderamente libres" (Jn 8:36). Y aunque caímos en Adán, hemos sido levantados con Cristo. Tenemos confianza en que el Dios que levantó a Jesús de los muertos está obrando amorosamente en nosotros y no nos dejará hasta el día en que nos lleve a Su presencia eterna en gloria, donde ya no habrá más lucha. Allá finalmente podremos obedecer con libertad y perfección a Aquel que nos creó y nos redimió.

Oración

Dios santo, si fuera por nosotros, quebrantaríamos Tu ley en cada oportunidad. No tenemos defensa y debemos declararnos culpables ante Tu trono de juicio. Tu ley nos condena y le pone fin a nuestras pretensiones de justicia, convenciéndonos de que necesitamos desesperadamente un Salvador. Amén.

Pregunta 14

¿Dios nos creó incapaces de cumplir Su ley?

No, pero debido a la desobediencia de nuestros primeros padres, Adán y Eva, toda la creación ha caído; todos nacemos en pecado y siendo culpables, corruptos por naturaleza e incapaces de cumplir la ley de Dios.

ROMANOS 5:12

El pecado entró en el mundo por medio de un solo hombre, y por medio del pecado entró la muerte; fue así como la muerte pasó a toda la humanidad, porque todos pecaron.

Comentario

ABRAHAM BOOTH

Creo que en el principio Dios creó los cielos y la tierra con todos sus habitantes. Por último, y de manera destacada entre la maravillosa diversidad de todo lo que había hecho con Su poderosa e infinita habilidad… creó al hombre y lo constituyó señor de este mundo. Varón y hembra los creó, a Su imagen y semejanza: justos, inocentes y santos; capaces de servir y glorificar a Su bondadoso Creador.

De la misma manera, creo que el hombre no duró mucho tiempo en estas circunstancias de santidad y felicidad; sino que, al ser dejado en la libertad de su propia voluntad, transgredió la ley que su Creador soberano le había dado; debido a ello cayó en un estado de culpa, depravación y ruina. Y como él no solo era la cabeza natural sino también la cabeza federal y el representante de su futura descendencia, al pecar, toda su descendencia pecó en él y cayó junto con él, siendo imputada la culpa de su primer pecado, de donde se deriva una naturaleza corrompida, a todos los que descienden de él por generación natural. Por ello todos los hombres son por naturaleza hijos de ira; hostiles a todo lo que es espiritualmente bueno y propensos al mal; muertos en pecado, bajo la maldición de la ley justa y abominables a la venganza eterna. De tal estado de miseria no hay liberación sino a través de Jesucristo, el segundo Adán.[19]

DAVID BISGROVE

Ser padre te permite ver claramente la condición humana. Por ejemplo, tengo que recordarle constantemente a mis hijos que deben decir "por favor" y "gracias", y animarles a que compartan. Pero nunca tengo que animarles a decir "¡mío!", ni a tomar las cosas que no le pertenecen, ni a pelearse por los juguetes.

¿De dónde proviene este impulso egoísta? La Biblia nos ayuda en este punto porque nos da el vocabulario para hablar sobre la razón por la que nacemos con una disposición egoísta. Verás, se nos dice que Dios creó a Adán y a Eva a Su imagen. Esto significa, entre otras cosas, que ellos reflejaban

Su bondad. Dios afirmó su bondad cuando contempló la creación, incluyendo a Adán y a Eva, y dijo "es muy buena". Así que Adán y Eva tenían una relación perfecta con Dios. Eran capaces de amarlo y obedecerlo perfectamente. Pero después se nos dice que Satanás los tentó con la mentira de que Dios no es bueno, que no es digno de confianza, que la verdadera libertad se encuentra fuera de Dios y de Su ley. Así que cuando Adán y Eva actuaron sobre la base de esa mentira, según nos dice Pablo en Romanos 5, el pecado entró al mundo de la manera en que un virus entra en el cuerpo, infectando a toda la humanidad desde ese momento en adelante. Es por esto que desde mis primeros años de vida, y desde los primeros años de mis hijos, y desde los primeros años de sus hijos en el futuro, todos decimos: "¡Mío!".

Esto no quiere decir que las personas son incapaces de ser bondadosas. Somos hechos a la imagen de Dios y, por tanto, aún somos capaces de hacer cosas buenas y hermosas. Pero el pecado ha corrompido nuestra capacidad de amar y obedecer a Dios con todo nuestro corazón, con todas nuestras fuerzas y con toda nuestra mente. El pecado ha infectado cada parte de nosotros, por lo que todos nacemos en pecado y siendo culpables, con una naturaleza corrompida y siendo incapaces de cumplir la ley de Dios.

Consideremos un ejemplo. Imagina que ves a un león hambriento y que pones dos platos de comida frente a él —un plato con carne cruda y otro plato con verduras al vapor. El león puede elegir cualquiera de los dos, pero por su naturaleza siempre elegirá la carne.

Cuando Adán —nuestro representante— pecó, nuestra naturaleza se volvió esclava del pecado, así que ya no queremos ni buscamos a Dios. Pero cuando Cristo vino, Él fue el segundo Adán, y donde el primer Adán falló, el segundo Adán venció. Donde el primer Adán trajo muerte por medio de su desobediencia y egoísmo, el segundo Adán, Jesucristo, trajo vida por medio de Su obediencia y sacrificio en la cruz.

Oración

Señor misericordioso, estamos corrompidos por naturaleza. Somos hijos del primer Adán, quien deseó lo que habías prohibido. Danos una nueva naturaleza por medio del nuevo nacimiento en Cristo, el segundo Adán, para poder cumplir la ley en el poder del Espíritu Santo. Amén.

Pregunta 15

¿Cuál es el propósito de la ley si nadie puede cumplirla?

Que conozcamos la santidad de la naturaleza y la voluntad de Dios, así como la naturaleza pecaminosa y la desobediencia de nuestros corazones; y, por tanto, nuestra necesidad de un Salvador. La ley nos enseña y nos exhorta a vivir una vida digna de nuestro Salvador.

ROMANOS 3:20

Por tanto, nadie será justificado en presencia de Dios por hacer las obras que exige la ley; más bien, mediante la ley cobramos conciencia del pecado.

Comentario

CHARLES SIMEON

Estos pobres hombres creen que pueden predicar el evangelio sin predicar la ley. Yo digo que deben predicar la ley, a menos que no quieran predicar el evangelio. La ley se dio para que la ofensa abunde: les digo que la proclamen en sus congregaciones impías con este propósito; alcen sus voces como trompetas y anuncien a las personas sus transgresiones, para que puedan glorificar más a su Maestro, proclamando las infinitas riquezas y la plenitud de Su gran salvación. A aquellos que creen, predícales la ley como terminada, cancelada y muerta para su salvación: muéstrenles a Emanuel sosteniéndola en Su mano ensangrentada y diciéndoles: "Si me amas, guarda Mis mandamientos".[20]

LIGON DUNCAN

La ley de Dios nos ayuda a conocer a Dios, a conocernos a nosotros mismos, a conocer nuestra necesidad, y a conocer la vida de paz y bendición. Nos ayuda a conocer a Dios porque nos revela específicamente Su carácter y Sus atributos, Su santa voluntad, cómo es Él.

Pablo nos dice en Romanos 1 que todos conocen el bien y el mal. Pero la ley de Dios nos revela muy específicamente el carácter de Dios y Sus cualidades morales. La moralidad no es arbitraria. Dios no nos dice que hagamos cosas arbitrariamente. Dios no nos exige que hagamos cosas que Él mismo no está preparado para hacer. Así que toda moralidad tiene su raíz en el carácter de Dios. Y cuando estudiamos la ley, vemos un despliegue del carácter de Dios.

La ley de Dios también nos revela lo que hay en nuestro interior, especialmente nuestra naturaleza pecaminosa y nuestra desobediencia, nuestra inclinación hacia el pecado. Por ejemplo, cuando Jesús le hablaba al joven rico, le dijo: "Vende lo que tienes y dáselo a los pobres" (Mt 19:21). Y el joven rico básicamente le dice a Jesús: "No puedo". Y se aleja con tristeza. ¿Qué sucedió en esa historia? ¿Está Jesús diciendo que todos tenemos que regalar todas nuestras posesiones?

No. Pero en el caso del joven rico, Jesús le está revelando, por medio de la ley de Dios, la naturaleza específica de su pecado. ¿Cuál es el primer mandamiento? No tener otros dioses aparte de Él. Y aquí, Dios encarnado le está diciendo al joven rico: "¿Qué eliges? ¿Tu dinero, tus posesiones o a Mí, Dios?". Y el joven rico eligió sus posesiones antes que a Dios.

Eso nos lleva al tercer aspecto con el que la ley nos ayuda. Nos ayuda a entender nuestra necesidad. Cuando sabemos quién es Dios y sabemos que no cumplimos con el estándar de Su moralidad y carácter, cuando sabemos quiénes somos y conocemos las inclinaciones pecaminosas de nuestros corazones, esto nos empuja hacia Jesús porque sabemos que necesitamos a un Salvador. Y el Salvador ha cumplido la ley. Él la obedeció perfectamente y pagó el precio que nosotros debíamos. La ley nos empuja hacia el Salvador. Nos apunta hacia el Salvador. Nos lleva hacia el Salvador.

Por supuesto, la ley también nos muestra la vida de paz y bendición. Cuando pensamos en obediencia, muchos inmediatamente pensamos: "¿Tengo que hacerlo? ¿Tengo que hacer buenas obras? ¿Tengo que obedecer?". Esa no fue la actitud de Jesús hacia los mandamientos de Dios y hacia Su voluntad. De hecho, Él decía a Sus discípulos con frecuencia: "Mi alimento es hacer la voluntad del que me envió y terminar Su obra" (Jn 4:34). En otras palabras, dijo que ser capaz de obedecer la ley de Dios, la voluntad de Dios, era como disfrutar de un gran banquete. Y una vez que somos redimidos, una vez que hemos confiado solamente en Jesucristo para la salvación que Él ha ofrecido en el evangelio, la ley no solo es algo que nos señala a Cristo, sino también algo que nos muestra cómo vivir la vida de paz y bendición.

Cuando Dios dio Sus mandamientos a Adán y a Eva en el jardín, los dio como una bendición para ellos. No eran para privarlos de Su amor. Él los amó y bendijo en el jardín. Y su obediencia a los mandamientos era esa esfera dentro de la cual ellos disfrutaban esa bendición. Y cuando somos salvados por Cristo, cuando somos unidos a Cristo, somos capaces de caminar de una forma digna del evangelio. Debemos vivir de tal manera que seamos semejantes al Señor Jesucristo. Él se deleitaba en obedecer a Dios. La ley de Dios nos muestra cómo vivir una vida de paz y bendición. Nos enseña cómo vivir una vida digna del evangelio una vez que hemos confiado en Jesucristo.

 Oración

Dador de toda buena dádiva, Tu ley nos revela lo que es justo. Aunque nos condena, a través de ella conocemos lo grande que es Tu santidad y lo perfecto que es Tu Hijo. Aunque no logramos alcanzar Tu estándar, permite que siempre te agradezcamos y te alabemos por Tu ley, y que nos regocijemos por tener un Salvador. Amén.

Pregunta 16

¿Qué es pecado?

El pecado es rechazar o ignorar a Dios en el mundo que Él creó, rebelándonos contra Él al vivir sin referencia a Él, sin ser ni hacer lo que requiere Su ley—resultando en nuestra muerte y en la desintegración de toda la creación.

1 JUAN 3:4

Todo el que comete pecado quebranta la ley; de hecho, el pecado es transgresión de la ley.

Comentario

OSWALD CHAMBERS

El pecado es una relación fundamental; no es hacer algo malo, es *ser* algo malo; es independencia deliberada y enfática de Dios. La religión cristiana basa todo en la naturaleza positiva y radical del pecado. Otras religiones tratan con pecados; solo la Biblia lidia con *el pecado*. Lo primero que Jesucristo mostraba a los hombres era su condición de pecado, algo que ahora pasamos por alto en nuestra presentación del evangelio, quitándole así la fuerza y el poder explosivo del mensaje.[21]

JOHN LIN

Es muy importante entender que el pecado es rebelión contra la ley de Dios; es no hacer lo que Él requiere de nosotros, no vivir como Él nos ha llamado a vivir y, por tanto, no ser lo que Él nos ha creado para ser. El pecado es vivir sin referencia a Dios, sin contemplarlo como la realidad suprema sobre la que debe girar toda nuestra vida. Y cuando no vivimos como Dios quiere, violamos Su ley y todas las pautas que nos ha provisto en Su amor y cuidado para que vivamos en plenitud.

Piénsalo de esta manera. Si fueras a tirarte por un barranco diciendo: "No tengo que vivir según la ley de la gravedad; puedo vivir según mis propias reglas", por un lado estarías desobedeciendo una regla muy específica—es decir, "No te tires por un barranco". Pero, por otro lado, no estarías viviendo en referencia a la gravedad. Estarías viviendo como si la gravedad no tuviera consecuencias o no importara en tu vida. Nunca dirías que la ley de la gravedad es arbitraria, o que es incoherente que tengas que obedecerla. Nunca dirías eso porque entiendes que la gravedad es algo con lo que tenemos que vivir. Sabes bien que existen pautas que debemos honrar y límites que debemos reconocer. Sabes cuál es el resultado de tirarte por un barranco e intentar romper la ley de la gravedad: muerte y desintegración.

Cuando no vivimos como si Dios fuera Dios, cuando quebrantamos Su ley de amor, cuando fallamos en honrar Su nombre, cuando decimos o implicamos con nuestras acciones que Él es irrelevante en nuestras vidas, fallamos en ser las personas que Dios nos creó para ser. Y eso nos lleva a la muerte y a la desintegración.

Esta ilustración podría ser de ayuda. Nuestro sistema solar existe en armonía cuando todos los planetas orbitan alrededor del mismo centro: el sol. Sin embargo, si los planetas decidieran por sí mismos alrededor de qué orbitar, o si algunos de los planetas decidieran no orbitar, ¿qué sucedería? Muerte y desintegración. Si los planetas dejan de orbitar alrededor del centro correcto, el sistema solar dejaría de existir. Si los planetas dejan de vivir en referencia al sol, todo se desmoronaría y sería destruido.

Vivir sin referencia a Dios no solo conduce a nuestra muerte y desintegración; es la razón por la que todo el cosmos está sujeto a la muerte y a la desintegración. Dios creó a Adán y a Eva para que fueran la pieza central de la creación. Cuando ellos pecaron, su desobediencia a la ley amorosa de Dios no solo tuvo implicaciones en sus vidas, también tuvo implicaciones en todo el cosmos.

Pablo escribe que "la paga del pecado es muerte" (Ro 6:23). El pecado conduce a la muerte. Y, sin embargo, el evangelio es que Jesucristo experimentó la muerte para que nosotros pudiéramos vivir. En un sentido, Él fue desintegrado en la cruz, espiritualmente deshecho, para que nosotros pudiéramos tener plenitud. Él murió por nuestro pecado para que podamos tener vida. Él experimentó muerte y desintegración. Él pagó el precio de nuestro pecado para que no tuviéramos que hacerlo.

👐 Oración

Señor del universo, todos Tus caminos son buenos. Cuando decidimos ir por nuestra propia senda estamos escogiendo el camino de la muerte. Ayúdanos a ver el pecado como el veneno que es. Permite que sea Tu ley, y no un espíritu de desobediencia, lo que moldee nuestras mentes y nuestras vidas. Amén.

Pregunta 17

¿Qué es idolatría?

Idolatría es confiar en que encontraremos esperanza, felicidad y significado en las cosas creadas, y no en el Creador.

ROMANOS 1:21, 25

A pesar de haber conocido a Dios, no lo glorificaron como a Dios ni le dieron gracias, sino que se extraviaron en sus inútiles razonamientos, y se les oscureció su insensato corazón… Cambiaron la verdad de Dios por la mentira, adorando y sirviendo a los seres creados antes que al Creador…

Comentario

MARTÍN LUTERO

¿Qué significa tener un dios? ¿O cómo puede uno saber cuál es su dios? Respuesta: cualquier cosa o persona a la cual acudimos cuando queremos algo bueno, o en la cual nos refugiamos, a eso me refiero con "dios"… Muchas personas se imaginan que tienen a Dios y todo lo que necesitan debido a que tienen dinero y propiedades… Esto se hace evidente cuando las personas son arrogantes, confiadas y orgullosas por esas posesiones, y cuando caen en desesperación por carecer de ellas o por perderlas. Repito, tener un dios significa tener algo de lo cual el corazón dependa enteramente.

Pregúntate y examina profundamente tu propio corazón, y verás si realmente se aferra solamente a Dios o no. ¿Crees con todo tu corazón que recibirás solo cosas buenas de Dios, especialmente cuando te encuentras en problemas o en necesidad? ¿Renuncia tu corazón a todo lo que no es Dios? Entonces tienes al Dios verdadero. Por otro lado, ¿tu corazón se aferra y descansa en algo más, de lo cual esperas recibir mayor bien y ayuda que de Dios? ¿Huyes de Él, en lugar de acudir a Él, cuando las cosas van mal? Entonces tienes a otro dios, un dios falso, un ídolo.[22]

TIMOTHY KELLER

La respuesta anterior del catecismo nos mostró que el pecado es rechazar e ignorar a Dios, así como rebelarnos contra Él, no tratar a Dios como a Dios, y no darle el honor que merece. En la Biblia, la forma más frecuente en que las personas hacen esto es a través del pecado de la idolatría. La idolatría es amar a algo o a alguien más que a Jesucristo. Idolatría es permitir que algo o alguien tenga mayor importancia que Jesucristo cuando se trata de tu felicidad, seguridad, esperanza, autoestima o del propósito de tu vida. La razón por la que es tan importante comprender el pecado de la idolatría es porque podría estar creciendo en alguna parte de nuestra vida por un largo período de tiempo y echar profundas raíces sin llevar a violaciones claramente visibles de la ley de Dios.

Así que, por ejemplo, si la prosperidad económica y tu carrera se han convertido en algo demasiado importante para ti, se han convertido en tus ídolos, y eso puede llevarte a trabajar demasiado y al cansancio extremo. Puede llevarte a ser despiadado. Puede impedir el desarrollo de un corazón amoroso y del fruto del Espíritu. Puede alejar a ciertas personas. Puede afectar tus relaciones familiares. Puede herir a tus amigos. Y todas estas cosas pueden suceder por un largo período de tiempo antes de manifestarse con ejemplos evidentes de mentiras, falsedad o adulterio, los cuales son inevitables a largo plazo.

Por tanto, lo importante es comprender esto: el pecado no es solamente hacer cosas malas. Es convertir cosas buenas en tu prioridad, porque esto arruina tu alma, destruye a tu comunidad y deshonra a Dios.

👋 Oración

Dios creador, perdónanos por adorar las cosas que has creado. Nada ni nadie debe ser nuestra esperanza ni nuestra confianza. Solo Tú existes en Ti mismo y eres todo suficiente. Permite que seas nuestro todo en todo. Amén.

Pregunta 18

¿Permitirá Dios que nuestra desobediencia e idolatría queden sin castigo?

No, todo pecado va en contra de la soberanía, la santidad y la bondad de Dios, y en contra de Su justa ley; y Dios está airado por nuestros pecados con justa causa y los castigará en Su justo juicio, tanto en esta vida como en la venidera.

EFESIOS 5:5-6

Porque pueden estar seguros de que nadie que sea avaro (es decir, idólatra), inmoral o impuro tendrá herencia en el Reino de Cristo y de Dios. Que nadie los engañe con argumentaciones vanas, porque por esto viene el castigo de Dios sobre los que viven en la desobediencia.

Comentario

CHARLES HADDON SPURGEON

No castigar al culpable sería justificar el sufrimiento de los inocentes. Imagina el daño y la injusticia que sufrirían todos los hombres honestos si los ladrones nunca fuesen castigados por sus robos. Permitir que el culpable escape sería hacer sufrir a los inocentes. Dios, no por elección arbitraria, sino por la necesidad de justicia, debe castigarnos por hacer el mal.[23]

ALISTAIR BEGG

Cuando Pablo predicó frente a Félix y Drusila, presentó tres puntos: justicia, dominio propio y el juicio venidero (Hch 24). El hecho de que Félix y Drusila se encontraran en una relación adúltera no impidió que Pablo hablara muy claramente sobre la justicia de Dios. Era, por así decirlo, casi como un sello distintivo de su predicación. Al final de su discurso en Atenas dice lo mismo: "[Dios] ha fijado un día en que juzgará al mundo con justicia" (Hch 17:31). La Biblia deja en claro que no escaparemos de la convicción o de la sentencia por siempre. Llegará el día en que tendremos que pagar.

La idea de que Dios es demasiado bueno como para condenar el pecado y de que todos iremos al cielo no tiene base bíblica. La advertencia de Pablo en Efesios 5 es para aquellos que han profesado la fe en Jesús, para que no presten atención a aquellos que sugieren otra cosa que no sea lo que él les ha enseñado, es decir, que este día vendrá—un día que está establecido, un día en el que se hará justicia absoluta, y un día en el que el juicio será absolutamente final.

Oración

Señor justo, si pensamos que somos buenos nos engañamos a nosotros mismos. Merecemos Tu ira. Hemos quebrantado Tus mandamientos y no te hemos amado de todo corazón, mente ni fuerzas. Solo podemos alegar la justicia de Cristo y pedirte que permitas que nuestro castigo caiga sobre Él. Amén.

Pregunta 19

¿Existe forma de escapar del castigo y volver a disfrutar del favor de Dios?

Sí. Para satisfacer Su justicia, Dios mismo, por pura misericordia, nos reconcilia consigo mismo y nos libera del pecado y del castigo del pecado, mediante un Redentor.

ISAÍAS 53:10-11

Pero el Señor quiso quebrantarlo y hacerlo sufrir,
   y, como Él ofreció Su vida en expiación,
verá Su descendencia y prolongará Sus días,
   y llevará a cabo la voluntad del Señor.
Después de Su sufrimiento,
   verá la luz y quedará satisfecho;
por Su conocimiento
   Mi siervo justo justificará a muchos,
   y cargará con las iniquidades de ellos.

Dios, Creación y Caída, Ley

💬 Comentario

JONATHAN EDWARDS

¿Pero puede un cristiano encontrar en el cielo o en la tierra algo tan valioso para ser el objeto de su admiración y amor, de su más ardiente deseo, de su esperanza, de su gozo y de su celo ferviente, como aquellas cosas que se nos presentan en el evangelio de Jesucristo? Allí, estas cosas no solo son declaradas como las más valiosas, sino que son exhibidas de la manera más efectiva. La gloria y la belleza del bendito Jehová, las cuales son suficientemente valiosas en sí mismas como para ser objeto de nuestra admiración y amor, son exhibidas de la manera más profunda posible, brillando con todo su esplendor en el rostro de un Redentor encarnado que es infinitamente amoroso y misericordioso. Todas las virtudes del Cordero de Dios—Su humildad, paciencia, misericordia, sumisión, obediencia, amor y compasión—son exhibidas de tal manera que tienden a conmover nuestros afectos de una forma inimaginable; ya que todas ellas fueron sometidas a la más rigurosa prueba… y tuvieron su mayor manifestación, cuando Él estaba en las circunstancias más adversas; incluso cuando estaba en Su sufrimiento final, ese sufrimiento indecible e incomparable que aguantó por tierno amor y compasión hacia nosotros. Allí también, la odiosa naturaleza de nuestros pecados se manifestó de la manera más profunda posible; al contemplar los horrendos efectos que nuestro Redentor, quien tomó nuestro lugar, tuvo que sufrir por ellos. Y allí tenemos la mayor manifestación del odio de Dios hacia el pecado y de Su ira y justicia al castigarlo; al contemplar Su justicia en lo estricto e inflexible del castigo, y Su ira en lo terrible del mismo, al castigar mortalmente nuestros pecados en alguien que era infinitamente amado por Él, y alguien que nos amó de tal manera a nosotros. Así es como Dios ha dispuesto las cosas en cuanto a nuestra redención, y en Sus gloriosas dispensaciones, reveladas a nosotros en el evangelio, como si todas las cosas estuvieran dispuestas a propósito de cierta manera para tener la mayor posibilidad de alcanzar lo más tierno de nuestro corazón y sacudir fuertemente nuestros afectos. ¡Cuán grande razón tenemos entonces para humillarnos hasta el polvo porque ya no somos afectados![24]

MIKA EDMONDSON

La experiencia en el cine no es la misma sin las luces apagadas. Aprendí esto de primera mano cuando, después de que los primeros treinta segundos de *La guerra de las galaxias: El despertar de la fuerza* fueran proyectados en una sala con las luces encendidas, tres jóvenes enojados gritaron exigiendo que el personal del cine apagara las luces. Un escenario oscuro contrastado con la imagen proyectada le añade volumen y drama a toda la experiencia.

Podríamos decir que así es como está estructurado el catecismo. El justo juicio de Dios contra nuestro pecado es ese fondo oscuro que hace que brille la gloria del evangelio. Cuando hemos comprendido la profundidad de nuestra calamidad, podemos apreciar la verdadera magnitud del plan de rescate de Dios.

El catecismo nos dice que Dios en Su misericordia decidió cumplir con las exigencias de Su propia justicia en nuestro lugar. De acuerdo a Isaías 53, Dios hizo que la vida justa de Su siervo (Jesucristo) fuese una ofrenda sustitutiva a favor de los injustos. En obediencia a la voluntad de Dios, Jesucristo vivió la vida que debimos haber vivido y, por tanto,

Dios, Creación y Caída, Ley

cumplió por nosotros las exigencias de justicia de la ley de Dios. Sin embargo, también sufrió la muerte que nosotros debimos haber sufrido. El lenguaje gráfico de Isaías del siervo siendo quebrantado y sufriendo (Is 53:10) nos recuerda el alto costo de nuestro pecado. En la cruz, Jesús cargó con todo el peso de la maldición de Dios contra el pecado, y satisfizo completamente las exigencias de la justa condenación que merecíamos de Dios. Este gran intercambio es el corazón del evangelio.

Quizá el aspecto más destacado del lenguaje de Isaías es que al Señor le agradó hacer este intercambio. De alguna manera, al Señor realmente la agradó entregar a Su Hijo inocente para que fuera burlado, brutalizado y crucificado. Es una verdad casi imposible de digerir hasta que te percatas de la razón por la que a Dios le agradó. Ciertamente, Dios no estaba complacido con el pecado de Judas al traicionar a Jesús, ni con el odio de los líderes religiosos, ni con la sentencia injusta de Pilato, ni con el rechazo de la multitud. Pero a Dios le agradó la obediencia activa y pasiva (a través del sufrimiento) de Su Hijo, quien siguió confiando en Dios y amando a Su pueblo sin importar el costo. Dios estaba complacido en descargar Su juicio sobre Su Hijo con el propósito de salvar a Su pueblo pecador. Dios estaba complacido porque, a través de la cruz, el Hijo de Dios sería glorificado, el pueblo de Dios sería salvado, la justicia de Dios sería satisfecha, y el amor de Dios sería revelado. La cruz no fue un trágico accidente. Fue la voluntad de Dios, Su plan para salvar a Su pueblo a través de la obra del Redentor y para revelar las inmensurables riquezas de Su gloriosa gracia.

Finalmente, Dios en Su misericordia quiso hacer ese intercambio. El catecismo es cuidadoso en señalar que la causa de que Dios castigara a Jesús para rescatarnos es Su "pura misericordia". El lenguaje "pura misericordia" significa que fue solo por gracia, gracia sin ninguna otra consideración. Como escribió el gran predicador C. H. Spurgeon, la salvación es "toda por gracia". Aunque esta gracia nos entrena para evitar la impiedad, no depende de nuestra obediencia en ninguna manera. Al considerar los pecados y las debilidades de nuestras vidas, debemos aferrarnos al aspecto de "pura gracia" del evangelio. Dios no entregó a Su Hijo amado con la expectativa de obtener algo de nosotros, sino simplemente porque nos ama. ¡Esa es la buena noticia!

 Oración

Único Reconciliador, gracias por trazar una senda para nosotros. Tú has sido perfecto, tanto en justicia como en misericordia. Aceptamos la salvación que no merecemos. Venimos ante Ti en el nombre de Jesucristo, Tu amado Hijo, confiando en Sus méritos y no en los nuestros. Amén.

Pregunta 20

¿Quién es el Redentor?

El único Redentor es el Señor Jesucristo, el Hijo eterno de Dios, en quien Dios se hizo hombre y cargó con la culpa del pecado sobre Sí mismo.

1 TIMOTEO 2:5

Porque hay un solo Dios y un solo mediador entre Dios y los hombres, Jesucristo hombre.

Comentario

JUAN CRISÓSTOMO

El Unigénito, quien es desde antes de los tiempos, quien no puede ser tocado o percibido, quien es sencillo, sin cuerpo, se ha puesto mi cuerpo, para ser visible y sujeto a corrupción. ¿Por qué razón? Para estar en medio nuestro y enseñarnos, y al enseñarnos, guiarnos y llevarnos de la mano hacia las cosas que el hombre no puede contemplar. Debido a que los hombres creen que los ojos son más confiables que el oído, dudan de aquello que no ven, así que Él decidió mostrarse a Sí mismo en presencia corporal, para que toda duda pudiera ser removida... El Anciano de días se ha convertido en un niño. Aquel que se sienta en el sublime trono celestial, ahora yace en un pesebre. Y Aquel que no puede ser tocado, quien es sencillo, sin complejidad e incorpóreo, ahora está sujeto a manos humanas. Pero Él ha decretado que esa ignominia se convierta en honor, que la infamia sea vestida de gloria, y que la humillación total sea la medida de Su bondad.

Para esto tomó mi cuerpo, para que yo sea capaz de recibir Su Palabra; al tomar mi carne, me da Su Espíritu; así que a medida que Él da y yo recibo, me está preparando para el tesoro de la vida. Él toma mi carne para santificarme; me da Su Espíritu para salvarme.[25]

MARK DEVER

El Redentor es Jesucristo, el Hijo eterno de Dios. El Hijo eterno de Dios se hizo hombre y vivió una verdadera vida humana como la nuestra. Por poco más de treinta años en el primer siglo después de Cristo, Él vivió como tú y como yo; la única diferencia es que siempre confió en Dios. Confió en Él por completo. Así que si piensas en ocasiones en que debiste confiar en Dios y no lo hiciste, en esas mismas ocasiones Jesús obedeció a Dios. Confió en que lo que Dios sabía era mejor, en que debía obedecer la voluntad de Su Padre.

Cuando miro hacia el pasado en mi vida, me doy cuenta de que no he vivido de esa manera. Pero el Redentor, Jesucristo, sí lo ha hecho. Lo llamamos el Redentor porque Él redime a Su pueblo. Él restaura nuestro valor. Él dio Su vida en la cruz por todos los que se arrepienten de sus pecados y confían en Él. Él es nuestro Redentor. Él nos valoró, a pesar de que habíamos desperdiciado nuestras vidas al no confiar en nuestro Padre celestial, al no obedecerle y al no temerle.

Él realmente vino y dio Su vida por nosotros. Él vivió una vida de confianza y sufrió una muerte que no tenía que sufrir, pero lo hizo por amor a nosotros. Él se entregó a Sí mismo por nosotros para poder ser, como dice la Biblia, nuestro Redentor, Aquel que nos rescata.

La imagen de la redención en el Antiguo Testamento es la de Dios rescatando a Su pueblo de Egipto, sacándolos de la esclavitud. En el Nuevo Testamento, Jesús el Redentor nos rescata de nuestro estado natural de esclavitud al pecado, de servirnos a nosotros mismos de forma destructiva. Pero Dios en Su gran amor envió a Su Hijo unigénito, quien vivió una vida perfecta, murió en la cruz y después resucitó de los muertos para llevarnos a Él, para redimirnos. A eso nos referimos cuando decimos que Jesucristo es nuestro Redentor.

Oración

Precioso Redentor, desde antes de que comenzara el mundo, Tú nos amaste. Dejaste Tu gloria para llevar nuestra vergüenza. Glorificaste a Tu Padre al obedecerlo hasta la cruz. Tú mereces nuestra alabanza, nuestro agradecimiento y nuestra adoración. No tenemos esperanza fuera de Ti. Amén.

Parte 2

Cristo, Redención, Gracia

Pregunta 21

¿Qué clase de Redentor es necesario para llevarnos de regreso a Dios?

Uno que sea verdaderamente humano y también verdaderamente Dios.

📖 ISAÍAS 9:6

Porque nos ha nacido un niño,
  se nos ha concedido un hijo;
la soberanía reposará sobre Sus hombros,
  y se le darán estos nombres:
Consejero admirable, Dios fuerte,
  Padre eterno, Príncipe de paz.

💬 Comentario

AGUSTÍN DE HIPONA

Aquel que existió como el Hijo de Dios desde antes de las edades, sin un principio, se dignó a convertirse en el Hijo del Hombre en estos últimos años. Hizo esto a pesar de que quien se sometió a grandes males por nuestra causa no había cometido maldad y a pesar de que nosotros, quienes recibiríamos tantos bienes de Su mano, no habíamos hecho nada para merecer tales beneficios. Engendrado por el Padre, no fue creado por el Padre; Él fue hecho hombre en la madre que él mismo había creado, para poder existir en este mundo por un tiempo, brotando de aquella que nunca hubiese podido existir si no fuera por Su poder.[26]

BRYAN CHAPELL

¿Por qué necesitamos a un Redentor que sea verdaderamente humano? Una razón es para Él poder identificarse con nosotros. La Biblia dice que "ha sido tentado en todo de la misma manera que nosotros, aunque sin pecado" (Heb 4:15). Él vivió nuestra experiencia, así que Él comprende lo que vivimos. Él es nuestro Sumo Sacerdote. Él comprende lo que sufrimos. Entendemos que Dios puede identificarse con nosotros, pero incluso cuando se identifica con nosotros—al haber vivido una vida difícil, al haber sido humillado y al atravesar circunstancias humildes—lo hizo en perfecta obediencia, sin dudar del amor de Su Padre y sin desviarse del camino de Su Padre.

Eso significa que Jesús no solo podía identificarse con lo que experimentamos como humanos; también podía convertirse en nuestro sustituto perfecto. En mi pecado, estoy separado de Dios. Él es santo; yo no lo soy. Para que Dios sea justo y santo, no puede identificarse con mi pecado. Dios tuvo que proveer un camino para que mi pecado fuese puesto sobre otro. Hizo esto al hacer que Su Hijo viniera en semejanza humana, en forma humana, pero viviendo perfectamente para poder ser el sustituto que pagara por mi pecado.

Pregunta 21

Debido a que Jesús vivió una vida perfecta, cuando sufrió voluntariamente la pena de mi pecado en la cruz, fue el sustituto correcto, adecuado y perfecto que pagó por mi pecado y por el tuyo. Jesús pudo identificarse con lo que vivimos, pero debido a que vivió en perfecta obediencia, se convirtió en nuestro sustituto perfecto. Y debido a que cargó sobre Sí mismo nuestro pecado, habiéndose identificado con nosotros, cuando resucitó de los muertos y ascendió a Su Padre, se convirtió en nuestro abogado perfecto. Él conoce nuestras fortalezas y debilidades. Debido a que Él aún retiene Sus características y funciones humanas en Su naturaleza divina, Él aún comprende toda la experiencia humana y conoce exactamente lo que necesitamos.

Pero Él también es Dios. Y debido a que Jesús es Dios, puede cumplir el propósito para el que vino. Incluso ahora, Él gobierna nuestro mundo de tal forma que todos los propósitos de Dios para nuestra vida se cumplirán. Y debido a que Él es Dios, al morir no solo pudo pagar completamente el sacrificio necesario por nuestro pecado y nuestra deuda, sino que también pudo levantarse de los muertos. La muerte no pudo derrotarlo. Debido a que Jesús está vivo, a que es soberano y divino, y a que ha sido levantado como Dios, Él continúa abogando por nosotros. Pero aún más allá, Jesús cumple los propósitos de Dios en nuestras vidas. Él es el Dios que *logra* todo lo que necesitamos, a la vez que es el hombre que *comprende* todo lo que necesitamos y *provee* todo lo que necesitamos.

Jesús, Dios perfecto, hombre perfecto, es el Redentor que necesitamos; hizo todo lo necesario al identificarse con nuestra humanidad y hacer todo lo que Dios tenía que hacer para salvarnos.

Oración

Hijo de Dios e Hijo del hombre, por generaciones fuiste profetizado. Solo uno que es tanto divino como humano podía vivir en perfecta obediencia y ser el sacrificio perfecto en nuestro lugar. No existe otra manera de llegar a Dios que no sea a través de Ti. Amén.

Pregunta 22

¿Por qué el Redentor tiene que ser verdaderamente humano?

Para que en Su naturaleza humana pudiera obedecer perfectamente toda la ley y sufrir el castigo del pecado humano en nuestro lugar; y también para que pudiera compadecerse de nuestras debilidades.

HEBREOS 2:17

Por eso era preciso que en todo se asemejara a Sus hermanos, para ser un sumo sacerdote fiel y misericordioso al servicio de Dios, a fin de expiar los pecados del pueblo.

Comentario

ATANASIO DE ALEJANDRÍA

El Verbo sabía que la corrupción del hombre solo podía ser deshecha por medio de la muerte, pero era imposible que el Verbo sufriera la muerte, siendo inmortal e Hijo del Padre; para este fin tomó para Sí mismo un cuerpo capaz de morir, para que ese cuerpo, siendo parte del Verbo que es sobre todos, pudiera ser digno de morir en lugar de todos y pudiera, debido al Verbo que vino a morar en él, permanecer incorruptible y, por tanto, la corrupción pudiera ser detenida en todos por la gracia de la resurrección. Cuando ofreció en sacrificio de muerte el cuerpo que Él mismo había tomado, como sacrificio libre de toda mancha, de inmediato alejó a la muerte de Sus semejantes al ofrecer un equivalente. El Verbo de Dios, al ofrecer Su propio templo e instrumento corporal por la vida de todos, satisfizo la deuda mediante Su muerte. Y así Él, el incorruptible Hijo de Dios, estando unido a todos por medio de una naturaleza semejante, los vistió a todos de incorrupción, mediante la promesa de la resurrección.[27]

THABITI ANYABWILE

Los seres humanos somos tan pecaminosos, y hemos estado en esta condición caída por tanto tiempo, que realmente pensamos que somos la medida de lo que significa ser humanos. Es sorprendente. Decimos cosas como "errar es humano". E inconscientemente comenzamos a definir la humanidad en términos de nuestra condición caída, en términos de nuestra falta de plenitud. Pero si defines a la humanidad de esa manera, ¿qué haces con Jesús? ¿Qué haces con el Jesús que toma nuestra humanidad y, sin embargo, como nos dice la Biblia, no peca?

Lo que vemos en Jesús es la verdadera humanidad. Lo que vemos en Su encarnación, Sus primeros años y Su ministerio, es el verdadero diseño de la humanidad—aquello para lo cual Adán fue creado, que él mismo arruinó en su pecado y en su caída. Así que, como nos enseña Romanos 5, el primer Adán peca y, a través de su pecado, la muerte entra al mundo. Pero viene un segundo Adán, un verdadero

Adán—Cristo, quien es el verdadero hombre. Lo que Cristo hace en Su humanidad es asombroso. En Su humanidad, Jesús le ofreció a Dios todo lo que le debíamos. En Su humanidad, en Su perfecta obediencia a los mandamientos de Dios, Él le ofrece a Dios la obediencia que nosotros le negamos (y que no podemos darle) debido a nuestra naturaleza caída y pecaminosa.

Es absolutamente esencial que lo que veamos en Cristo sea una justicia perfecta, porque Él ha provisto esa justicia para nosotros. Toda la justicia que necesitamos se encuentra en el Hijo de Dios, quien tomó sobre Sí mismo nuestra carne, nuestra semejanza, nuestra naturaleza humana. Él no solo provee esa justicia, sino que, en la cruz, nuestro Salvador murió y pagó el precio que la humanidad debía. Él murió en nuestro lugar. Y no solo le debemos esa justicia a Dios, sino que al no haber provisto esa justicia, también le debemos nuestra vida, nuestra muerte, nuestra sangre. Cristo tomó nuestro lugar y suplió el sacrificio que satisface las exigencias de Dios a causa de Su justicia y Su justa determinación de castigar el pecado.

Así que para poder ser nuestro perfecto Sumo Sacerdote y el sacrificio perfecto, Jesús tenía que ser uno con nosotros. Él tuvo que tomar en Sí mismo nuestra naturaleza, y en esa naturaleza demostrar lo que es la humanidad, lo que fue diseñada para ser—justicia delante de Dios, obediencia a Dios, alabanza a Dios en todas las cosas, amor completo. Y también demostró la deuda de la humanidad cuando pagó el precio por nuestro pecado en la cruz del Calvario. Así que como Sumo Sacerdote—el perfecto Sumo Sacerdote, quien ahora también se compadece de nosotros y conoce íntimamente nuestro sufrimiento, nuestros fracasos y nuestros problemas porque los experimentó en nuestra carne—Él puede compadecerse de la humanidad y representarla perfectamente delante de Dios.

Por ello era necesario que Él fuera uno de nosotros en todos los sentidos, pero sin pecar.

Oración

Fiel Sumo Sacerdote, fuiste tentado en toda manera posible y, sin embargo, permaneciste perfecto en Tu obediencia. Gracias porque conoces nuestra debilidad. Guárdanos de excusar o negar nuestra pecaminosidad. Aceptamos gozosamente Tu intercambio. Amén.

Pregunta 23

¿Por qué tiene el Redentor que ser verdaderamente Dios?

Para que por Su naturaleza divina, Su obediencia y Su sufrimiento fueran perfectos y efectivos; y también para que pudiera soportar la justa ira de Dios contra el pecado y vencer la muerte.

📖 HECHOS 2:24

Sin embargo, Dios lo resucitó, librándolo de las angustias de la muerte, porque era imposible que la muerte lo mantuviera bajo su dominio.

💬 Comentario

JUAN CRISÓSTOMO

Que nadie llore por sus iniquidades, pues ha llegado el perdón desde la tumba. Que nadie tema a la muerte, pues la muerte del Salvador nos ha liberado. Así como fue cautivo por ella, de la misma forma la aniquiló. Al descender al infierno, lo cautivó. Ese infierno se estremeció al probar Su carne. E Isaías, prediciendo esto, exclamó: "... el sepulcro se estremece al salir a Tu encuentro"... Se estremeció porque fue abolido. Se estremeció porque fue burlado. Se estremeció porque fue aniquilado. Se estremeció porque fue atado en cadenas. Tomó un cuerpo, y conoció a Dios cara a cara. Tomó la tierra, y encontró el cielo. Tomó lo que era visible, y cayó frente a lo invisible. Oh muerte, ¿dónde está tu aguijón? Oh muerte, ¿dónde está tu victoria? Cristo ha resucitado y has sido vencida. Cristo ha resucitado y los demonios han caído. Cristo ha resucitado y los ángeles se regocijan. Cristo ha resucitado y reina la vida.[28]

LEO SCHUSTER

Frecuentemente nos gusta enfocarnos en los aspectos humanos de Jesús, y es importante recordar que Jesús era completamente humano. Pero también era completamente Dios. ¿Qué significa que Jesús era completamente Dios? ¿Y por qué es tan importante que, como Redentor nuestro, sea verdaderamente Dios?

El apóstol Juan inicia su Evangelio declarando que Jesús es el Dios eterno encarnado. Él explica: "En el principio ya existía el Verbo, y el Verbo estaba con Dios, y el Verbo era Dios... Y el Verbo se hizo hombre y habitó entre nosotros. Y hemos contemplado Su gloria, la gloria que corresponde al Hijo unigénito del Padre, lleno de gracia y de verdad" (1:1, 14). En su carta a los Colosenses, el apóstol Pablo escribió: "Toda la plenitud de la divinidad habita en forma corporal en Cristo" (Col 2:9).

Similarmente, Jesús mismo, en numerosas ocasiones, afirmó Su divinidad y que era uno con el Padre. En una ocasión, algunos de Sus oyentes comprendieron lo que Él estaba diciendo e intentaron apedrearlo, explicando que lo apedreaban no por una buena obra, sino por blasfemia: "Porque tú, siendo hombre, te haces pasar por Dios" (Jn 10:33). El libro de Apocalipsis describe a Jesús como el Alfa y el Omega, Aquel que "ha de venir" (1:8). Sin duda, Él no es un simple hombre. Él es verdaderamente Dios.

Así que ¿por qué es tan importante que Jesús, como Redentor nuestro, sea verdaderamente Dios? Nuestro pecado fue cometido contra Dios. Solo Dios puede perdonar una transgresión contra Él. Por esto, algunos de los líderes religiosos en los días de Jesús se horrorizaban cuando Él decía que perdonaba pecados. Ellos comprendían las implicaciones de lo que decía. ¿Cómo podía un simple hombre perdonar el pecado que hemos cometido contra Dios? Un simple hombre no puede, pero Dios sí puede. Jesús tenía que ser completamente humano para ser nuestro sustituto, pero tenía que ser completamente Dios para que Su obediencia y sufrimiento fueran perfectos, y para que la justicia de Dios fuera completamente satisfecha por la eternidad.

Oración

Dios el Hijo, debido a nuestro pecado, no podemos cargar con la ira de Dios ni sobreponernos a la muerte. Solo Tú, el Santo, pudo sufrir el castigo por el pecado y vencer a la muerte. Gracias por prepararnos el camino hacia Dios, para disfrutarlo eternamente. Amén.

Pregunta 24

¿Por qué era necesario que Cristo, el Redentor, muriera?

Debido a que la muerte es la paga del pecado, Cristo murió voluntariamente en nuestro lugar para liberarnos del poder y del precio del pecado, y para llevarnos a Dios. Por Su muerte expiatoria y sustitutiva, solo Él nos redime del infierno y obtiene para nosotros el perdón de pecados, justicia y vida eterna.

COLOSENSES 1:21-22

En otro tiempo ustedes, por su actitud y sus malas acciones, estaban alejados de Dios y eran sus enemigos. Pero ahora Dios, a fin de presentarlos santos, intachables e irreprochables delante de Él, los ha reconciliado en el cuerpo mortal de Cristo mediante Su muerte.

Comentario

ATANASIO DE ALEJANDRÍA

Al tomar un cuerpo como el nuestro, debido a que todos nuestros cuerpos están sujetos a la corrupción de la muerte,

Él entregó Su cuerpo a la muerte en nuestro lugar, y lo ofreció a Su Padre. Esto lo hizo por puro amor hacia nosotros, para que en Su muerte todos puedan morir y la ley de la muerte sea abolida porque, habiendo cumplido en Su cuerpo lo que estaba planeado, la muerte ha sido despojada de su poder sobre los hombres. Esto lo hizo para que los hombres que se habían ido tras la corrupción volvieran a la incorrupción, dándoles vida a través de la muerte mediante la apropiación de Su cuerpo y por la gracia de Su resurrección. Así haría desaparecer la muerte de ellos como paja consumida por el fuego.[29]

MARK DEVER

¿Por qué era necesario que Cristo, el Redentor, muriera? Esta es una pregunta importante. No sé si haya una pregunta más importante que esta. Cristo vivió una vida perfecta, la vida que tú y yo debimos haber vivido. Vivió una vida de amor, de servicio. Vivió una vida asombrosa de confianza en Su Padre celestial. Así que la pregunta es de suma importancia. ¿Por qué tuvo que morir alguien como Él? ¿Por qué era moralmente necesario?

Bueno, Él no tendría que haber muerto por Sí mismo. Si pensáramos solo en Jesús, no habría necesidad de la cruz. No, Él murió porque sería el Redentor. Su voluntad, y la voluntad de Su Padre, fue redimirnos. Él quiso poner Su vida, sacrificarse a Sí mismo al morir en la cruz para rescatarnos del castigo que merecíamos. Y es que debido a que Dios es bueno, Él castigará el pecado. Todo lo malo que hemos hecho en secreto—Dios lo sabe. Dios es real. Él no es solo una idea. Él no es solo un invento de nuestra imaginación. Y este Dios está tan comprometido con lo que es bueno y correcto que todo pecado será castigado. Y aquí es donde entra Jesús. Jesús está determinado a ser nuestro Redentor. Fue la voluntad del Padre celestial que se diera a Sí mismo como sacrificio en nuestro lugar, como nuestro sustituto. Esa palabra la usamos con frecuencia—sustituto, en lugar de, en vez de ti y de mí. Jesús es nuestro sustituto si nos arrepentimos de nuestros pecados, nos apartamos de ellos y confiamos en Él. Así que ¿por qué tenía que morir el Redentor? Porque era la única forma en que tú y yo pudiéramos vivir.

👐 Oración

Salvador expiatorio, gracias por no darnos la espalda, por soportar todo el camino hasta la muerte en la cruz y más allá. Gracias a Tu muerte podemos vivir eternamente. Con este conocimiento, ayúdanos a enfrentar nuestra muerte con valor, fe y esperanza. Amén.

Pregunta 25

¿La muerte de Cristo significa que todos nuestros pecados pueden ser perdonados?

Sí. Debido a que la muerte de Cristo en la cruz pagó completamente el castigo de nuestro pecado, Dios, en Su gracia, nos atribuye la justicia de Cristo como si fuera nuestra y ya no se acordará de nuestros pecados.

2 CORINTIOS 5:21

Al que no cometió pecado alguno, por nosotros Dios lo trató como pecador, para que en Él recibiéramos la justicia de Dios.

Comentario

RICHARD SIBBES

Aunque un pecado fue suficiente para traer condenación, sin embargo, el regalo gratuito de la gracia en Cristo es la justificación de una multitud de ofensas. Y podemos estar seguros de esto, ya que la justicia de Cristo es la justicia de Dios, y Dios por tanto la glorificará, para que sea efectiva en aquellos que por fe la aplican a sus pecados diarios, hasta que, en el mismo momento, dejemos de pecar y existir. Para este mismo propósito fue que el Hijo de Dios se hizo pecado voluntariamente, para que seamos liberados del mismo. Y si todos nuestros pecados puestos sobre Cristo no pudieron quitarle el amor de Dios, ¿nos lo quitarán a nosotros, cuando por la sangre de Cristo nuestras almas sean despojadas de ese pecado? ¡Oh, misericordia de misericordias, que... Él se atreviera a... hacernos Suyos de una forma que asombra a los ángeles; Su Hijo no solo tomó nuestra naturaleza y condición miserable, sino que también llevó nuestro pecado sobre Él, para que por medio de Cristo nos acerquemos a Dios como si fuese nuestro; y Cristo está presentándose en el cielo por nosotros, hasta que nos lleve con Él y nos presente ante Su Padre como Suyos por siempre![30]

Hace algunos años me diagnosticaron cáncer, y mi gran preocupación era que el cirujano pudiera extirparlo por completo. Realmente no me interesaba una cura parcial. Y cuando pensamos en que Jesús llevó nuestros pecados, el misterio y la maravilla del evangelio es que Él trata con todos ellos. Aquel que es absolutamente perfecto murió por pecadores, identificándose con nosotros en nuestra culpa y siendo sujeto a nuestro castigo. Cuando Pablo le escribe a los corintios, les dice que en Dios no serían condenados por sus pecados. Y la razón de esto es porque ya Cristo había pagado por ellos. Jesús no murió como un mártir, sino como un sustituto. La invitación del evangelio es para todos, pero la seguridad del perdón solo es dada a aquellos que están en Cristo, aquellos por quienes Cristo pagó la deuda.

Augustus Toplady captó esta seguridad cuando escribió:

Pregunta 25

Roca de la eternidad, fuiste abierta Tú por mí;
Sé mi escondedero fiel; solo encuentro paz en Ti,
Rico, limpio manantial, en el cual lavado fui.

Aunque sea siempre fiel, aunque llore sin cesar,
Del pecado no podré justificación lograr;
Solo en Ti teniendo fe, deuda tal podré pagar.[31]

ALISTAIR BEGG

Pedro nos dice que los ángeles anhelan contemplar estas cosas (1P 1:12). Y lo que ellos observan desde lejos, el creyente lo conoce a la perfección.

La maravilla de todo esto es que nuestra desobediencia está completamente cubierta por la obediencia del Señor Jesús —todos nuestros pecados han sido limpiados para siempre.

 Oración

Padre perdonador, cuando nos cubres con la justicia de Cristo, no te acuerdas más de nuestros pecados. Los has puesto tan lejos como está el este del oeste. Permite que no dudemos de Tu perdón, de Tu misericordia o de Tu amor, sino que acudamos a Ti como Tus hijos amados. Amén.

Pregunta 26

¿Qué más redime Cristo con Su muerte?

La muerte de Cristo es el comienzo de la redención y la renovación de cada parte de la creación caída, a medida que Él dirige poderosamente todas las cosas para Su propia gloria y para el bien de la creación.

COLOSENSES 1:19-20

Porque a Dios le agradó habitar en Él con toda Su plenitud y, por medio de Él, reconciliar consigo todas las cosas, tanto las que están en la tierra como las que están en el cielo, haciendo la paz mediante la sangre que derramó en la cruz.

Comentario

JOHN BUNYAN

Jesús es un Redentor, ese es Su nombre; Él vino al mundo con este propósito, para redimir a Su pueblo, redimirlos de toda iniquidad (Tit 2:14), de este mundo malvado, de nuestras vanas conversaciones. Él ha derramado Su preciosa sangre para comprarnos, hemos sido comprados por precio (1Co 6:20). No nos pertenecemos, somos Suyos, la compra de Su sangre; y podemos confiar en que Él nos ama profundamente debido a que nos compró; y si no nos hubiese amado profundamente, nunca se habría entregado a Sí mismo por nosotros (Gá 2:20). Ese fue el mayor testimonio de Su amor. Él nos amó y nos lavó de nuestros pecados en Su sangre (Ap 1:5). Él nos redimirá de la ira venidera.[32]

VERMON PIERRE

Se han tomado muchas fotos del Gran Cañón. Pero ninguna de ellas puede realmente hacerle justicia. El Gran Cañón es una de esas cosas que debes experimentar en persona. Puedes observarlo en el rostro de las personas que se acercan al borde de uno de los precipicios y contemplan el Cañón por primera vez. No pueden evitar ser sorprendidos por su inmensidad y belleza única. Realmente es un paisaje asombroso.

Sin embargo, aun estando allí, contemplando el Cañón desde arriba, no obtendrás una experiencia completa del lugar. Es cuando desciendes a las partes internas del Cañón que comienzas a ver que es más grande y profundo, más glorioso de lo que inicialmente pensabas. La perspectiva del Gran Cañón desde el borde de un precipicio es solo el comienzo de la perspectiva más amplia que experimentarás una vez que estés dentro del mismo.

Así es con el evangelio. Al acercarnos por primera vez al evangelio, contemplamos un paisaje asombroso: la salvación de los pecadores. Más específicamente, que Dios a través de Jesucristo ha actuado con gracia para salvar a un pueblo pecador. Este pueblo es redimido del pecado y es hecho nueva criatura, siendo adoptado para siempre en la familia de Dios.

Es un mensaje asombroso, hermoso e increíble. Y, al mismo tiempo, es solo el comienzo de la obra salvadora, redentora y renovadora de Dios. Al adentrarnos más en el evangelio, emerge una imagen aún más completa y gloriosa. Vemos que la salvación de los pecadores fue diseñada para abrirse a una salvación de toda la creación que es mucho más profunda y amplia. La salvación de los pecadores está en el centro del evangelio. Es la fuente del mismo. Y de esta fuente fluye un río poderoso, uno lleno de poder redentor y sanador para cada centímetro cuadrado del cosmos.

¿Cómo es esto posible? "Mediante la sangre que derramó en la cruz" (Col 1:20). La creación estaba en esclavitud debido a la Caída del hombre; estaba encerrada tras las puertas del infierno. Pero entonces Dios se acercó a nosotros y, utilizando la cruz de Jesucristo, derribó esas puertas. A través de la gracia de Dios, un pueblo es liberado y, sin duda, toda la creación con él. Ahora pertenecen al Reino del Hijo, un lugar de redención y renovación totales.

Todo esto tiene dos implicaciones para nosotros.

1. Nos da esperanza para el futuro. Vemos evidencias de la Caída en todo nuestro alrededor, como sistemas sociales injustos, un declive moral en nuestras culturas, y terribles sufrimientos y muertes. El mensaje del evangelio, en su forma más completa, nos dice que no debemos perder la esperanza, sino que debemos tener la certeza de que un día todas las cosas serán reemplazadas con paz y armonía, con la "salud de las naciones" (Ap 22:2).

Esta esperanza, sin embargo, está mezclada con una advertencia, pues la creación incluye a muchos que aún se oponen a Dios, que continúan rechazando Su gobierno y a Aquel a quien envió como Rey, a Jesús. La obra redentora del evangelio significa que todas las cosas, incluidas aquellas que se oponen al Señor, serán sanadas. La pregunta que toda persona enfrenta es si experimentará la obra redentora con gozo o con un doloroso crujir de dientes.

2. Nos motiva en el presente. La creación no ha sido abandonada por Dios. En lugar de ello, a través de Jesús, ha sido reclamada por Él y será renovada en el futuro. Será una creación caracterizada por armonía y paz, una que tendrá una buena relación con Dios y con la humanidad. Hoy en día, la iglesia es una avanzada de esta nueva creación, y uno de los medios principales para dar lugar a esta nueva creación.

Esto significa que la iglesia no está compuesta de observadores pasivos en el mundo. Tampoco se trata de un grupo de pasajeros que están en peligro, esperando ser rescatados de la creación caída. En lugar de ello, la iglesia es una comunidad divinamente enviada de personas cuyos fieles esfuerzos en el mundo son relevantes, siempre y cuando proclamen y personifiquen el poder redentor y renovador del evangelio.

👋 Oración

Redentor de la creación, el mundo no siempre será como es ahora, caído y clamando por la plenitud de Tu reino. Gracias porque renovarás todas las cosas. Nos gozamos porque Tu redención se extiende al mundo que has hecho. Amén.

Pregunta 27

¿Todos seremos salvos por medio de Cristo así como nos perdimos por medio de Adán?

No, solo los elegidos por Dios y unidos a Cristo mediante la fe. Sin embargo, Dios, en Su misericordia, muestra gracia común aun a los que no son elegidos, al refrenar los efectos del pecado y permitir obras de cultura para el bienestar de la humanidad.

📖 ROMANOS 5:17

Pues, si por la transgresión de un solo hombre reinó la muerte, con mayor razón los que reciben en abundancia la gracia y el don de la justicia reinarán en vida por medio de un solo hombre, Jesucristo.

💬 Comentario

DAVID MARTYN LLOYD-JONES

Gracia común es el término aplicado a esas bendiciones generales que Dios imparte indiscriminadamente a todos únicamente según Su voluntad, no solo a Su pueblo. O puede referirse a aquellas operaciones generales del Espíritu Santo mediante las cuales, sin haber renovado el corazón, ejerce una influencia moral, restringiendo al pecado, manteniendo el orden social y promoviendo la justicia civil. Esa es la definición general. El Espíritu Santo ha operado en este mundo desde Su comienzo, y ha tenido Su influencia y Su efecto sobre hombres que no son salvos y se han perdido. Mientras estaban en esta vida y en este mundo, estuvieron bajo estas acciones generales, no salvadoras, del Espíritu Santo... No es una influencia salvadora, y tampoco es una influencia redentora, pero es parte del propósito de Dios... Si el Espíritu Santo no actuara en hombres de forma general, los seres humanos, como resultado de la Caída y del pecado, se habrían hundido en el olvido hace mucho tiempo... Después de esto encontramos lo que generalmente llamamos *cultura*. Por ello me refiero a las artes y ciencias, a un interés por las cosas de la mente, la literatura, la arquitectura, la escultura, la pintura y la música. Ahora, no puede haber dudas de que cultivar estas artes es bueno. No redime, pero mejora a las personas, hace que tengan vidas mejores. ¿De dónde provienen estas cosas? ¿Cómo explicas a personajes como Shakespeare o Miguel Ángel? La respuesta de la Escritura es que estas personas tenían talentos y fueron capaces de desarrollarlos como resultado de la operación de la gracia común, esa influencia general del Espíritu Santo.[33]

TIMOTHY KELLER

Esta respuesta del catecismo nos proporciona un balance que es de mucha ayuda. Por un lado, aprendemos que no todos los seres humanos serán salvos. Esto se enseña tan claramente en tantos lugares de la Biblia que es imposible enumerar todos los textos. Pero permíteme mostrarte dos de ellos.

En Juan 6, Jesús dice: "Y esta es la voluntad del que me envió: que Yo no pierda nada de lo que Él me ha dado, sino que lo resucite en el día final" (v 39). Jesús está diciendo que vino por un número específico de personas que le fueron entregadas, y que las resucitaría en el día final. No todos serán resucitados en el día final.

Romanos 8:28-30 nos enseña algo similar, Pablo dice en el versículo 30: "A los que predestinó, también los llamó; a los que llamó, también los justificó; y a los que justificó, también los glorificó". Notemos que el número se mantiene en todo el versículo. No dice que algunos de los que llamó, justificó, como si existiera un número de llamados y otro número de justificados. No. A todos los que llamó —y solo a ellos— también justificó. A todos los que justificó —y solo a ellos— también glorificó. Es un número específico. No todas las personas serán salvadas.

Por otro lado, este catecismo nos habla de la gracia común. En uno de sus libros, Richard Mouw pregunta sobre este tema: "¿Existe una gracia no salvadora que esté operando en los alcances de la interacción cultural humana, una gracia que muestre un deseo de parte de Dios de otorgar ciertas bendiciones a todos los seres humanos —elegidos y no elegidos por igual, bendiciones que proveen la base para que los cristianos cooperen con los incrédulos y aprendan de ellos?".[34]

Y la respuesta bíblica, en textos como Romanos 1 y 2, es sí. Aunque no todas las personas serán salvadas, Dios distribuye Sus dones de sabiduría y perspectiva a través de toda la raza humana. A través de las artes, de las ciencias, de un buen gobierno y de muchas otras maneras, Dios está haciendo que este mundo sea mucho mejor de lo que sería si solo los cristianos tuvieran esos dones. Así que aquí volvemos a encontrarnos con ese balance que es de mucha ayuda y que deberíamos de procurar. Por un lado, no, no todos serán salvados. No, no todos reciben la gracia salvadora de Jesucristo en sus vidas. Pero, por otro lado, debemos apreciar la gracia común que Dios da a toda la raza humana. Debemos percatarnos de que Dios está ayudándonos y ayudando al mundo a través de personas que no creen. Debemos apreciarlas. Debemos estar agradecidos por ellas y debemos respetarlas. Ese es el balance que debemos procurar.

Oración

Soberano Salvador, solo hay salvación en Ti, y Tú salvas a todos aquellos que invoquen Tu nombre. No habríamos clamado a Ti si no nos hubieras dado vida. No comprendemos completamente Tu elección amorosa, pero confesamos que ni nosotros ni nadie más la merece. Amén.

Pregunta 28

¿Qué les sucede después de la muerte a los que no están unidos a Cristo por la fe?

Después del día del juicio recibirán la terrible pero justa sentencia condenatoria pronunciada contra ellos. Serán echados de la presencia favorable de Dios y lanzados al infierno para ser penosa, pero justamente, castigados por siempre.

JUAN 3:16-18, 36

Porque tanto amó Dios al mundo que dio a Su Hijo unigénito, para que todo el que cree en Él no se pierda, sino que tenga vida eterna. Dios no envió a Su Hijo al mundo para condenar al mundo, sino para salvarlo por medio de Él. El que cree en Él no es condenado, pero el que no cree ya está condenado por no haber creído en el nombre del Hijo unigénito de Dios… El que cree en el Hijo tiene vida eterna; pero el que rechaza al Hijo no sabrá lo que es esa vida, sino que permanecerá bajo el castigo de Dios.

Cristo, Redención, Gracia

💬 Comentario

J. C. RYLE

Por más doloroso que sea el tema del infierno, no me atrevo, no puedo y no debo permanecer en silencio en cuanto al mismo. ¿Quién desearía hablar del fuego del infierno si Dios no hubiera hablado de él? Si Dios ha hablado tanto del mismo, ¿quién puede permanecer en paz?

… Sé que algunos creen que no existe el infierno. Creen que es imposible que exista tal lugar. Dicen que es incoherente con la misericordia de Dios. Dicen que es una idea demasiado horrorosa para ser verdad. El diablo, por supuesto, se regocija en la perspectiva de tales personas. Ayudan poderosamente a la causa de su reino. Predican su antigua doctrina favorita: "¡No es cierto, no van a morir!"…

Nos queda un punto por considerar, lo que dice la Palabra de Dios. ¿Crees en la Biblia? Entonces cree lo que dice: *el infierno es real y verdadero*. Es tan cierto como el cielo —tan cierto como la justificación mediante la fe, tan cierto como el hecho de que Cristo murió en la cruz, tan cierto como el Mar Muerto. No existe hecho o doctrina sobre la cual no puedas dudar si dudas del infierno. Si no crees en el infierno, desacreditas toda la Escritura. Bien podrías deshacerte de tu Biblia. De "no hay infierno" a "no hay Dios" solo hay unos cuantos pasos.[35]

JOHN LIN

Una de las enseñanzas más difíciles y malentendidas de la Biblia es que el infierno es un castigo real, consciente y eterno. Y esto es comprensible. Todos tenemos a personas a nuestro alrededor que no conocen a Cristo —familiares, amigos, vecinos, colegas— de quienes no nos gusta pensar que el infierno es su futuro. De hecho, históricamente a las personas les ha incomodado la idea del infierno, porque superficialmente parece incoherente con todo lo que leemos en la Biblia sobre la misericordia y el amor de Dios. Y, sin embargo, la enseñanza bíblica de que el infierno es un sufrimiento consciente y eterno es inevitable. Realmente, sin la existencia del infierno, mucho de lo que conocemos sobre el amor de Dios sería puesto en duda.

Primero, Jesús, el hombre más amoroso que ha vivido, habló del infierno más frecuente y explícitamente que todos los demás autores bíblicos combinados. Él lo comparó con el *Gehenna*, que era un montón de basura donde el fuego ardía constantemente, o como la oscuridad externa, donde no hay iluminación y solo existe miseria. En la historia acerca del hombre rico y Lázaro, donde se describe el infierno como un lugar de sufrimiento real y consciente, Jesús nos advierte sobre el infierno una y otra vez (Mt 13:41-42; Mr 9:42-48; Lc 16:19-31).

Segundo, la existencia del infierno nos ayuda a comprender las consecuencias del pecado. De cierta forma, el infierno es el resultado de lo que siempre hemos deseado como pecadores: autonomía e independencia de Dios. Por tanto, en el infierno estamos alejados de Dios y de todo lo que Dios es. Así que en el infierno no hay amor, no hay amistad, no hay gozo, no hay descanso, porque todas esas cosas existen solo cuando Dios está presente.

Pero más importante aún, si no reconocemos la realidad del infierno, no podemos comprender realmente el significado de la cruz. Dicho de otra forma, no podremos comprender el amor de Dios hasta que entendamos la realidad de Su ira.

La ira de Dios es una oposición y un odio controlado y establecido hacia todo lo que destruye lo que Él ama. La ira de Dios nace del amor a Su creación. Proviene de Su justicia. Él se enoja contra la codicia, el egoísmo, la injusticia y la maldad porque son cosas destructivas. Y Dios no tolerará nada ni a nadie que destruya la creación y las personas que ama.

Piénsalo de esta manera. Decir: "Sé que Dios me ama porque renunciaría a todo por mí", es muy diferente a decir: "Sé que Dios me ama porque *renunció* a todo por mí". El primero es un sentimiento de amor; el otro es un acto de amor. Y aunque creamos que estamos haciendo a Dios más amoroso al aminorar la realidad del infierno o de la ira de Dios, lo que realmente estamos haciendo es menospreciando el amor de Dios. Sin un verdadero infierno no podríamos comprender el verdadero precio que Jesús pagó por nuestro pecado. Y si no se hubiese pagado ese alto precio, no habría un amor verdadero ni una alabanza genuina por lo que Él ha hecho.

A menos que creas en el evangelio, nunca sabrás cuánto te ama y te valora Jesús. Él experimentó el infierno mismo en la cruz. Jesús fue separado de Su Padre. En la cruz, Jesús exclamó: "Dios mío, Dios mío, ¿por qué me has desamparado?" (Mt 27:46). Cuando Jesús perdió el amor eterno del Padre, experimentó una agonía, una desintegración, una separación mucho mayor de lo que cualquiera de nosotros habría experimentado en la eternidad del infierno. Él sufrió esa separación y esa desintegración que nosotros merecíamos. A menos que creas en el infierno y contemples lo que Jesús sufrió por ti, nunca sabrás cuánto te ama.

El verdadero asunto no es como un Dios amoroso puede permitir que exista un infierno. El asunto es que, si Jesús experimentó el infierno por mí, entonces Él es un Dios cuyo amor es real. No es: "¿Por qué Dios permite el infierno?". Es: "¿Por qué Dios sufrió el infierno por mí?". ¡Y lo hizo!

 Oración

Juez de toda la tierra, temblamos al pensar en el juicio que les espera a todos los que están fuera de Tu pacto. Antes de que sea demasiado tarde, permite que nuestros seres queridos sean reconciliados contigo para que no sufran el castigo que es suyo, y que habría sido el nuestro si estuviéramos fuera de Ti. Amén.

Pregunta 29

¿Cómo podemos ser salvos?

Solo mediante la fe en Jesucristo y Su muerte sustitutiva y expiatoria en la cruz; así que aunque somos culpables de haber desobedecido a Dios y aún nos inclinamos a la maldad, Dios, sin ningún mérito nuestro, sino solo por Su gracia, nos imputa la justicia perfecta de Cristo al arrepentirnos y creer en Él.

EFESIOS 2:8-9

Porque por gracia ustedes han sido salvados mediante la fe; esto no procede de ustedes, sino que es el regalo de Dios, no por obras, para que nadie se jacte.

Comentario

CHARLES HADDON SPURGEON

Siendo justificados por fe, tenemos paz para con Dios. La conciencia no nos acusa más. El juicio ahora es a favor del pecador en lugar de en contra suya. La memoria observa los pecados del pasado con gran pena por los mismos, pero sin miedo alguno de recibir el castigo; Cristo ha pagado la deuda de Su pueblo hasta la última jota y tilde, y se le otorgó el recibo divino; y a menos que Dios pueda ser tan injusto como para exigir doble pago por una deuda, ninguna de las almas por las que Jesús murió como sustituto puede ser arrojada al infierno. Parece ser uno de los principios de nuestra iluminada naturaleza creer que Dios es justo; sentimos que debe serlo, y esto nos provoca terror en un principio; ¿pero no es maravilloso que esta misma creencia de que Dios es justo se convierta después en el pilar de nuestra confianza y de nuestra paz? Si Dios es justo, yo, como pecador, por mí mismo y sin sustituto, debo ser castigado; pero Jesús toma mi lugar y es castigado por mí; y ahora, si Dios es justo, yo, como pecador en Cristo, no puedo ser castigado. Dios tendría que cambiar Su naturaleza antes de que un alma por la que Jesús se ofreció como sustituto pueda tener la posibilidad de sufrir el castigo de la ley. Por tanto, debido a que Jesús tomó el lugar del creyente —habiendo recibido la ira divina que todo Su pueblo debía sufrir como resultado del pecado— ese creyente puede exclamar con glorioso triunfo: "¿Quién acusará a los que Dios ha escogido?". Dios no, porque Él mismo los ha justificado; Cristo no, porque Él murió "e incluso resucitó". Mi esperanza no radica en que no soy un pecador, sino en que soy un pecador por quien Cristo murió; mi confianza no está puesta en que soy santo, sino en que, siendo impuro, Él es mi justicia. Mi fe no descansa en lo que soy, o en lo que debo ser, sentir o saber, sino en lo que Cristo es, en lo que Él ha hecho y en lo que ahora hace por mí. En el león de la justicia, la justa doncella de la esperanza cabalga como una reina.[36]

KEVIN DEYOUNG

En Hechos 16, Pablo y Silas están en prisión cuando ocurre un violento terremoto. Los prisioneros están escapándose y el carcelero despierta en completo asombro al ver a todos los prisioneros huyendo. El carcelero está por suicidarse y Pablo lo detiene. Y el carcelero hace esta famosa pregunta: "Señores, ¿qué tengo que hacer para ser salvo?" (v 30). Pablo le da una respuesta bíblica, corta y absolutamente hermosa: "Cree en el Señor Jesús; así tú y tu familia serán salvos" (v 31).

"¿Qué tengo que hacer para ser salvo?" No hay pregunta más importante en esta vida o para la venidera. La respuesta a nuestra pregunta del catecismo provee un maravilloso resumen de lo que significa tener fe en Cristo —el tipo de fe que salva— y cómo Dios salva mediante la fe. Este resumen contiene dos palabras clave. Primero, la primera palabra: solo. Solo mediante la fe en Jesucristo. Verás, no sería terriblemente controversial hablar sobre la fe. Las personas tienen fe y creen en algo. Pero es *solo* la fe, no es fe más otra cosa. No es fe agregada a tu trasfondo, fe más tu origen familiar, fe más buenas obras en beneficio de la justicia social, o fe más mucha oración. Es solo fe, y solo fe en Jesucristo.

Muchas personas se jactan de su fe y dicen: "Soy una persona de fe", o: "Tienes que tener fe". Pero la fe en sí misma no significa nada. Es el objeto de nuestra fe lo que nos salva. No se trata de ser una persona que tenga fuertes creencias, que sea sincera o que tenga una creencia mística en las cosas espirituales. Es la fe en Jesucristo lo que salva. Él es el objeto de la fe que salva. La fe es solo un instrumento. No es la buena obra que Dios ve y dice: "Bueno, no tienes mucho que ofrecer, pero tienes fe, y eso sí me gusta". No. La fe es lo que nos une a Cristo, y luego Él nos salva. Es el objeto de la fe lo que importa.

Al crecer en un lugar frío de nuestro país, solía ir a patinar sobre hielo y jugar hockey. A veces probaba con la punta de mi pie la primera helada del año y me preguntaba: "¿Será este hielo lo bastante grueso?". Alguien más podría ya estar patinando libremente y con mucha fe en el hielo, mientras yo voy caminando de puntillas, resistiéndome a pisarlo firmemente. ¿Qué es lo que nos da seguridad? No es la cantidad de fe, por bueno que sea tener más fe, sino el espesor del hielo.

Lo que nos salva es el objeto de nuestra fe. Y ese es Jesucristo. Así que es solo a través de la fe en Él.

La otra palabra que es crucial es imputa. Es esencial tanto para el evangelio como para la fe cristiana que la vida justa que Cristo vivió nos sea imputada. Eso significa que es reconocida como nuestra. Pasa a estar en nuestra cuenta. Es como una transferencia de fondos. Y existe una diferencia entre una justicia inherente en nosotros, un tipo de justicia que dice: "Bueno, mírame, soy justo. Hago cosas justas". No es a eso que se refiere. Se refiere a la justicia de Cristo que está fuera de nosotros, pero debido a que estamos unidos a Jesús mediante la fe, ahora esa justicia es nuestra, para que Dios pueda ser tanto el justo como el justificador de los pecadores.

Ese es el problema en Romanos 3, y esa es la buena noticia del evangelio —que a pesar de que somos pecadores, Dios nos justifica. Y no lo hace agitando una varita mágica o diciendo que el pecado no es importante; es porque pertenecemos a Cristo y porque Su justicia es nuestra justicia, para que Dios pueda ser justo y nosotros podamos ser justificados.

🙌 Oración

Dios misericordioso, renunciamos a nuestro orgullo y a toda pretensión de justicia propia, y venimos a Ti en arrepentimiento y fe. Confiamos en que Tu muerte nos da vida. Te alabamos por el regalo de la salvación. Amén.

Pregunta 30
___

¿Qué es la fe en Jesucristo?

La fe en Jesucristo es reconocer la verdad en todo lo que Dios ha revelado en Su Palabra, confiando en Él, y también recibirlo y descansar solamente en Él para la salvación que se nos ofrece en el evangelio.

📖 GÁLATAS 2:20

He sido crucificado con Cristo, y ya no vivo yo, sino que Cristo vive en mí. Lo que ahora vivo en el cuerpo, lo vivo por la fe en el Hijo de Dios, quien me amó y dio Su vida por mí.

💬 Comentario

JONATHAN EDWARDS

De todas las definiciones de la fe justificadora, la mejor, la más clara y la más perfecta—la que va más acorde a la Escritura—es esta: la fe es cuando el alma abraza por completo la revelación de Jesucristo como nuestro Salvador. La palabra abrazar es una expresión metafórica; pero creo que es mucho más clara que cualquier otra expresión; se le dice creer porque creer es el primer acto del alma al abrazar una narración o una revelación; y cuando hablamos sobre una revelación o una cosa declarada, lo más apropiado sería llamarlo creer, no tanto amar o elegir. Si nos refiriéramos a una persona, sería más adecuado llamarlo amar. Si nos refiriéramos a un regalo, una herencia o una recompensa, sería más apropiado llamarlo recibir o aceptar.

La definición pudo haber sido expresada con estas palabras: la fe es cuando el alma se adhiere enteramente y cede ante la revelación de Jesucristo como nuestro Salvador. O: la fe es cuando el alma abraza esa verdad de Dios que revela a Jesucristo como nuestro Salvador. O: la fe es cuando el alma depende completamente de la verdad de Dios que revela a Cristo como nuestro Salvador.

Es cuando toda nuestra alma está de acuerdo con la verdad y la abraza. La mente y el corazón están totalmente sujetos a la revelación y se adhieren a ella con la creencia, la inclinación y los afectos.[37]

JOHN YATES

En ocasiones me pregunto si nos percatamos de cuán importante es la palabra *salvación*. ¿Qué significa ser salvo? ¿Cuál es el significado de la salvación?

Significa *seguro*. Pero también significa *sanado*. Significa *perdonado*. Significa *adoptado*. Significa *haber sido hecho pleno*. Es una gran palabra. Significa que *somos restaurados en nuestra relación con Dios*. Se nos ha dado vida con Dios ahora, y también se nos ha dado el regalo de la vida eterna con Dios en el cielo. Así que la salvación es algo grande. La salvación es un regalo de Dios. No es algo que nos podamos ganar, aunque ese sea el sentir de muchas personas. No es algo que podamos lograr, sino algo que tiene que ser recibido. Y tenemos que tener eso muy claro desde el principio.

La salvación puede venir instantáneamente, como sucedió con Zaqueo cuando Jesús entró a su casa. Jesús dijo: "Hoy ha llegado la salvación a esta casa" (Lc 19:9). Puede venir en un momento de comprensión y fe. Pero es algo que se vive en el transcurso de la vida. Hay una historia sobre un obispo inglés que iba caminando por las calles de Londres cuando un evangelista le dijo: "Señor, ¿ha sido salvado?". La respuesta del anciano es significativa. De acuerdo a la historia, el anciano se detuvo, pensó y después dijo: "Sí, he sido salvado. Estoy siendo salvado, y seré salvado". ¿A qué se refiere? Se refiere a que puede mirar hacia atrás al momento en que puso su fe en Cristo y se volvió a Él en fe y esperanza, experimentando salvación. Pero también se refiere a que la salvación era algo que estaba viviendo y experimentando cada día. Y a que la salvación es algo que experimentaría plenamente cuando fuera a la presencia del Señor en la vida venidera.

La salvación comienza cuando Dios abre nuestros ojos para que nos percatemos de cuánto necesitamos a Cristo. Mientras pensemos que podemos salvarnos a nosotros mismos, el camino estará cerrado para nosotros. Ser salvo es como estar ahogándote y percatarte de que no puedes salvarte a ti mismo, de que alguien debe venir y rescatarte, de que solo tienes que relajarte y esperar que te rescaten porque si no te ahogarás. Lo único que podemos aportar para nuestra salvación es nuestra propia naturaleza pecaminosa. Es acudir a Dios con una conciencia de nuestra humilde necesidad—acudir en fe, arrepintiéndonos de nuestros pecados y poniendo delante de Dios nuestra necesidad de Él. Ese es el comienzo de la salvación.

Pablo dice en Romanos 10 que todo el que invoque el nombre del Señor será salvo. Vivimos en un mundo en que muchas personas rechazan la idea de que la fe en Cristo es necesaria para ser un hijo de Dios y un heredero de la vida eterna. Y, sin embargo, Jesús dijo: "Yo soy el camino, la verdad y la vida. Nadie viene al Padre si no por Mí". Él es nuestro camino a la salvación.

Este fue el mensaje de los apóstoles. Como Pedro predicó en Hechos 4: "No hay bajo el cielo otro nombre dado a los hombres mediante el cual podamos ser salvos". La salvación viene a través de Jesucristo.

 Oración

Autor de nuestra fe, creemos que eres quien dices ser. Tu Palabra es verdad y te revela como nuestra única esperanza de salvación. Creemos Tus promesas, caminando por fe, no por vista. Amén.

Pregunta 31

¿Qué creemos mediante la fe verdadera?

Todo lo que nos enseña el evangelio. El Credo de los Apóstoles expresa lo que creemos con estas palabras: Creemos en Dios el Padre Todopoderoso, Creador del cielo y la tierra; y en Jesucristo Su único Hijo, Señor nuestro, quien fue concebido por el Espíritu Santo, nacido de la virgen María, sufrió bajo Poncio Pilato, fue crucificado, murió y fue sepultado. Él descendió al infierno. Al tercer día resucitó de los muertos. Ascendió al cielo y está sentado a la diestra de Dios el Padre Todopoderoso; de ahí vendrá a juzgar a los vivos y a los muertos. Creemos en el Espíritu Santo, la santa iglesia católica, la comunión de los santos, el perdón de pecados, la resurrección del cuerpo y la vida eterna.

JUDAS 3

Ahora siento la necesidad de [escribirles] para rogarles que sigan luchando vigorosamente por la fe encomendada una vez por todas a los santos.

💬 Comentario

JOHN WESLEY

¿Pero qué es la fe? No es una opinión, así como no es simplemente un conjunto de palabras; tampoco es la unión de varias opiniones. Un conjunto de opiniones no equivale a la fe cristiana, de la misma forma en que un rosario no equivale a la santidad cristiana. No es asentir a una opinión o a un conjunto de opiniones. Un hombre puede estar de acuerdo con tres, o veintitrés credos: puede asentir a todo el Antiguo y el Nuevo Testamento (al menos hasta donde los comprende) y no tener fe cristiana.

… La fe cristiana… es una evidencia divina o una convicción en el corazón, de que Dios está reconciliado conmigo a través de Su Hijo; inseparablemente unido con una confianza en Él, como Padre reconciliado, respecto a todas las cosas, especialmente aquellas cosas buenas que son invisibles y eternas. Creer (en el sentido cristiano) es, entonces, caminar a la luz de la eternidad; y tener una visión clara del Altísimo y una confianza en Él, con quien estoy reconciliado por medio de Su amado Hijo.[38]

D. A. CARSON

"Creemos en Dios el Padre Todopoderoso, Creador del cielo y la tierra". Así comienza lo que es conocido universalmente como el Credo de los Apóstoles. Estrictamente hablando, no fue formulado por los apóstoles. Emergió en el segundo siglo. Pero es llamado Credo de los Apóstoles porque lo que se dice en el credo refleja la doctrina de los apóstoles, la doctrina del Nuevo Testamento de una forma resumida. Es una confesión cristiana primitiva. Pero es tan primitiva, y ha sido tan ampliamente utilizada en las denominaciones cristianas alrededor del mundo, que es una de las pocas cosas que unen a todos los cristianos en una creencia común.

Si lo lees despacio y con cuidado, verás que menciona explícitamente al Padre, al Hijo y al Espíritu Santo, la creación, el nacimiento virginal, la venida de Cristo, Su resurrección, quiénes son los cristianos, lo que significa tener al Espíritu Santo obrando en nuestro interior, etc., todo en un muy pequeño conjunto de palabras que millones y millones de cristianos han memorizado, o recitado cada domingo, o usado ocasionalmente como parte de sus devocionales personales.

Es importante recordar que los credos son moldeados, al menos en parte, por la época en que son formulados, no porque la Biblia cambie, sino porque las preguntas que hacemos sobre la Biblia cambian un poquito de una época a la otra. Por ejemplo, otros credos que fueron hechos en el tiempo de la Reforma en el siglo dieciséis tienen preguntas y respuestas que son algo diferentes. Pero el Credo de los Apóstoles se recita con regularidad entre los cristianos en todo el mundo porque fue escrito tan temprano en la historia que fue utilizado mucho antes de todas las divisiones doctrinales más modernas. Y es por esto que logra resumir tan bien el evangelio en unas pocas frases. En cierto sentido, fue un intento que se hizo en el segundo siglo de recapitular lo que leemos, por ejemplo, en los primeros versículos de 1 Corintios 15, que en sí mismo es un credo muy simple. "¿Qué es el evangelio?", pregunta Pablo. Bueno, primero, Cristo murió por nuestros pecados de acuerdo a las Escrituras, y después sigue añadiendo y añadiendo y añadiendo cosas hasta que tenemos un resumen de las buenas nuevas—que Dios en la plenitud del tiempo envió a Su Hijo a morir en la cruz, a resucitar de los muertos y a tomar para Sí mismo un gran número de personas que Pablo llama la nueva humanidad.

Así que, cuando te reúnes para alabar públicamente en el día del Señor y recitas el credo, recuerda que detrás de esas palabras se encuentran dos mil años de historia cristiana. El credo sirve para unir a los cristianos a través de las culturas, los idiomas, el tiempo y el espacio mientras juntos decimos que creemos en Dios el Padre Todopoderoso, Creador del cielo y la tierra.

 Oración

Creador del cielo y la tierra, permite que las asombrosas declaraciones de nuestra fe sean vivificadas en nosotros. No permitas que nos divorciemos de la verdad teológica de la historia de nuestra salvación, la cual ocurrió en el tiempo y en el espacio. No nos dejes vagar en incredulidad, sino llévanos a descansar en la verdad de que Tú resucitaste de los muertos. Amén.

Pregunta 32

¿Qué significan justificación y santificación?

La justificación se refiere a nuestra justicia declarada ante Dios, la cual es posible gracias a la muerte y resurrección de Cristo por nosotros. La santificación se refiere al proceso mediante el cual nuestra justicia crece gradualmente, el cual es posible gracias a la obra del Espíritu en nosotros.

1 PEDRO 1:1-2

A los elegidos, extranjeros dispersos... según la previsión de Dios el Padre, mediante la obra santificadora del Espíritu, para obedecer a Jesucristo y ser redimidos por Su sangre: Que abunden en ustedes la gracia y la paz.

Comentario

ABRAHAM BOOTH

Aunque la justificación y la santificación son bendiciones de la gracia y son inseparables, son actos distintos de Dios; y existe, en varios aspectos, una amplia diferencia entre ellos.

La distinción puede ser expresada de la siguiente manera. La justificación tiene que ver con el estatus legal de la persona, es un solo acto de la gracia y produce un cambio relativo; es decir, libertad del castigo y derecho a la vida; la santificación afecta a la persona en un sentido físico, es una obra continua de la gracia y produce un cambio real en cuanto a la calidad de sus hábitos y acciones. La primera es por causa de una justicia ajena a nosotros; la segunda es por la santidad que está siendo forjada en nosotros. La primera precede como una causa; la segunda sigue como un efecto. La justificación es por Cristo como sacerdote y tiene que ver con la culpa del pecado; la santificación es por medio de Él como rey, y tiene que ver con Su dominio. La primera priva al pecado de su poder condenatorio, la segunda de su poder reinante. La justificación es instantánea y completa en todos sus objetos; la santificación es progresiva y se perfecciona poco a poco.[39]

JOHN PIPER

La justificación es el acto de Dios mediante el cual Él nos declara justos o perfectos solo por la fe mediante la cual hemos sido unidos a Jesucristo, quien es perfecto y justo. Así que la justificación es una posición legal ante Dios debido a una unión espiritual con Jesús, solo por medio de la fe. No puedes ganarte esa posición ante Dios. Él te declara perfecto debido a tu unión con Cristo, y eso solo sucede mediante la fe.

La santificación es el acto de Dios mediante el cual Él, a través del Espíritu y de Su Palabra, te está moldeando poco a poco—o a pasos agigantados—a la imagen de Su Hijo. Así que nuestro comportamiento realmente se está volviendo justo, y realmente estamos venciendo nuestras imperfecciones en nuestra santificación.

Pregunta 32

Aquí está la pregunta clave: ¿Cómo se relacionan estas dos entre sí? El versículo clave es Hebreos 10:14: "Porque con un solo sacrificio ha hecho perfectos para siempre a los que está santificando". Piensa en lo que dice. ¿Quiénes han sido hechos perfectos para siempre? *Han sido hechos.* Ya está hecho. Han sido hechos perfectos para siempre. A aquellos que *está* perfeccionando. Que *está* santificando. Él los ha hecho perfectamente santos. ¿A quiénes? A los que está santificando. Lo que significa que la evidencia de que eres santo, perfecto o justo delante de Dios es que estás siendo santificado mediante la fe. Parece algo paradójico, lo sé. Pero es la clave de la vida cristiana.

Otra forma de decirlo es esta: El poder por el que diariamente luchas por vencer las imperfecciones de tu vida es la confianza de que ya eres perfecto. Si lo ves al revés, pensando: "Está bien, Dios exige perfección; tengo que llegar a ser perfecto en mi comportamiento, y entonces Dios me mirará y dirá: 'Lo está haciendo bastante bien; dejaremos que sea perfecto o lo consideraremos perfecto'". Es totalmente lo opuesto. Gracias a Cristo, creemos en Él, en lo que hizo en la cruz y en Su vida perfecta. Creemos en Él y, por medio de esa fe, Dios nos une a Cristo. Su perfección es contada como nuestra. Y la evidencia de que somos perfectos en Cristo es que odiamos nuestro pecado y, mediante la fe en Sus promesas, luchamos diariamente para vencer nuestras imperfecciones.

Así que mi exhortación sería simplemente que, por favor, no entiendas esto al revés. Todo el mundo lo entiende al revés. Otras religiones lo entienden al revés, pensando que nuestras obras y nuestros esfuerzos por vencer nuestras imperfecciones pueden hacernos agradables a Dios. Eso nunca será posible de esa manera. Dios nos hace aceptables, nos hace Sus hijos, nos cuenta como justos; y debido a esa justicia entonces nos pasamos la vida convirtiéndonos en lo que ya somos.

 Oración

Salvador y Señor nuestro, Tú has completado la obra de nuestra justificación. Has comenzado la obra de nuestra santificación y confiamos en que Tú nos sostendrás hasta completarla. Transfórmanos día a día a Tu semejanza, conformándonos a Tus caminos. Amén.

Pregunta 33

¿Deberían aquellos que están en Cristo buscar la salvación mediante sus obras o de alguna otra forma?

No, no deberían, ya que todo lo necesario para la salvación se encuentra en Cristo. Buscar la salvación mediante las buenas obras es negar que Cristo es el único Redentor y Salvador.

📖 GÁLATAS 2:16

Sin embargo, al reconocer que nadie es justificado por las obras que demanda la ley, sino por la fe en Jesucristo, también nosotros hemos puesto nuestra fe en Cristo Jesús, para ser justificados por la fe en Él y no por las obras de la ley; porque por estas nadie será justificado.

💬 Comentario

JUAN CALVINO

Sostenemos que independientemente de cuáles sean las obras de un hombre, él es considerado justo delante de Dios solo por misericordia; porque Dios, sin tomar en cuenta las obras, lo adopta en Cristo, atribuyéndole la justicia de Cristo. Llamamos a esto la justicia de la fe: cuando un hombre, despojado de toda confianza en las obras, se siente convencido de que la única base de su aceptación con Dios es una justicia de la que carece, y que Cristo le ha prestado. El punto en el que el mundo se pierde (porque este error ha prevalecido en casi todas las épocas) es cuando piensa que el hombre, por más defectuoso que sea, en cierto grado merece el favor de Dios por sus buenas obras... Dios no nos reconcilia consigo mismo según nuestras obras, sino solo por Cristo, y al adoptarnos libremente nos hace Sus hijos en lugar de hijos de ira. Si Dios tomara en cuenta nuestras obras, no encontraría razón por la cual amarnos. Por ello es necesario que sepulte nuestros pecados, nos atribuya la obediencia de Cristo—que es la única que puede soportar Su escrutinio—y nos adopte como justos a través de Sus méritos. Esta es la doctrina clara y uniforme de la Escritura, "de la que dan testimonio", como dice Pablo, "la ley y los profetas" (Ro 3:21).[40]

TIMOTHY KELLER

Si mezclas la fe con las obras, y dices: "Sí, debo tener fe en lo que Jesús ha hecho por mí, pero también debo agregar esto o aquello para ser salvo", estás diciendo que realmente lo que te salva no es lo que Jesús ha hecho, sino lo que tú agregas. Esa forma de pensar te hace creer que eres tu propio salvador.

Pregunta 33

Esta ilustración pudiera ser de ayuda. El Sr. A le pidió al Sr. B que le hiciera un mueble de madera porque el Sr. B era un gran carpintero. El Sr. B y el Sr. A eran amigos, por lo que el Sr. B dijo: "Bueno, este mueble me tiene que quedar muy bien... perfecto". Así que trabajó y trabajó en el mueble hasta que lo talló y pulió a la perfección. Trajo al Sr. A al taller para que viera el mueble, y el Sr. A tomó un pedazo de lija y dijo: "Permíteme solo darle un retoque más". El Sr. B le dijo: "¡No! El mueble está terminado. Es perfecto. Y no hay forma de agregarle algo sin restarle algo".

Es lo mismo con la obra de Jesucristo. Cuando Jesús murió, dijo: "Consumado es". No hay nada más que agregar. Es perfecta. Y si le agregas algo, le restas algo. Si dices: "Él hizo esto pero yo debo hacer esto", cualquier cosa que agregues se convierte en la verdadera base de tu salvación y te convierte en tu propio salvador.

Los reformadores protestantes presentaron fuertes argumentos bíblicos en contra de mezclar la fe y las obras, y a favor de que la justificación, la justicia y la salvación son únicamente por medio de la fe. No presentaré más argumentos aparte de estos; solo diré lo siguiente: Personalmente, no podría vivir si ese no fuera el caso. No tengo esperanza alguna a menos que pueda levantarme cada día sabiendo que estoy firme sobre este fundamento:

Segura mi esperanza está
En la justicia de Jesús,
Y mis pecados expiará
El sacrificio de Su cruz.[41]

Esa es mi única esperanza.

Oración

Único Dios, guárdanos de confiar en las buenas obras o de vivir de tal manera que sugiramos que ellas son la base de nuestra salvación. Permítenos glorificar Tu gracia, aprendiendo todo lo que esta implica, aferrándonos a la promesa de que Tú eres el principio y el final de nuestra salvación. Amén.

Pregunta 34

Ya que somos redimidos solo por gracia, solo por Cristo, ¿tenemos que hacer buenas obras y obedecer la Palabra de Dios?

Sí, porque Cristo, habiéndonos redimido por Su sangre, también nos renueva mediante Su Espíritu; para que nuestras vidas puedan mostrar amor y gratitud a Dios; para que seamos afirmados en nuestra fe por los frutos; y para que otros sean ganados para Cristo por nuestro comportamiento piadoso.

1 PEDRO 2:9-12

Pero ustedes son linaje escogido, real sacerdocio, nación santa, pueblo que pertenece a Dios, para que proclamen las obras maravillosas de Aquel que los llamó de las tinieblas a Su luz admirable. Ustedes antes ni siquiera eran pueblo, pero ahora son pueblo de Dios; antes no habían recibido misericordia, pero ahora ya la han recibido. Queridos hermanos, les ruego como a extranjeros y peregrinos en este mundo que se aparten de los deseos pecaminosos que combaten contra la vida. Mantengan entre los incrédulos una conducta tan ejemplar que, aunque los acusen de hacer el mal, ellos observen las buenas obras de ustedes y glorifiquen a Dios en el día de la salvación.

💬 Comentario

CHARLES HADDON SPURGEON

Así que, queridos amigos, estas buenas obras deben estar en el cristiano. No son la raíz, sino el fruto de su salvación. No son el camino hacia la salvación de un creyente; son su andar en el camino de la salvación. Cuando hay vida saludable en un árbol, el árbol producirá fruto de acuerdo a su especie; así que si Dios ha hecho que nuestra naturaleza sea buena, el fruto será bueno. Pero si el fruto es malo, es porque el árbol es lo que siempre fue—un árbol malo. El deseo de los hombres que han nacido de nuevo en Cristo es deshacerse de todo pecado. Sí pecamos, pero no amamos el pecado. En ocasiones el pecado gana poder sobre nosotros, y cuando pecamos es como si experimentáramos una especie de muerte; pero el pecado no nos domina, pues ya no estamos bajo la ley, sino bajo la gracia; y, por tanto, debemos conquistarlo y obtener la victoria.[42]

LIGON DUNCAN

Si la salvación es solo por gracia, solo por medio de la fe, solo en Cristo—si somos salvados y perdonados y aceptados por lo que Jesús hizo por nosotros, y no por nuestras buenas obras—¿hay aún lugar para las buenas obras y la obediencia en la vida cristiana? La Biblia nos da una enfática respuesta: sí.

Primero, hay lugar para las buenas obras porque, en la salvación, somos salvados no solo del castigo por el pecado, sino también del poder del pecado. En la salvación, a través de la obra de Jesucristo, no solo encontramos perdón sino que también encontramos transformación. Somos hechos nuevas criaturas en Jesucristo. Él nos libera del dominio del pecado en nuestra vida. Y, por tanto, la salvación por gracia no significa que el cambio o el crecimiento sean innecesarios en la vida cristiana. Significa que el cambio y el crecimiento ahora son posibles porque Dios está obrando en nosotros por medio de Su Espíritu Santo.

Así que ¿cuál es papel que juega la obediencia a la Palabra de Dios, la ley de Dios, en la vida cristiana? Gratitud, seguridad y testimonio.

En la vida cristiana, toda nuestra obediencia es un acto de gratitud a Dios por la gracia que Él nos ha mostrado en Jesucristo. Recuerda lo que Pablo dice en Efesios 2: "Porque por gracia ustedes han sido salvados mediante la fe; esto no procede de ustedes, sino que es el regalo de Dios, no por obras, para que nadie se jacte. Porque somos hechura de Dios, creados en Cristo Jesús para buenas obras, las cuales Dios dispuso de antemano a fin de que las pongamos en práctica" (v 8-10). ¿Viste lo que Pablo dijo aquí? No dijo que fuimos salvados *por* buenas obras. De hecho, dijo claramente que no es el caso. Pero sí dijo que fuimos salvados *para* buenas obras. Así que el papel de las obras en la vida cristiana no es salvarnos. No son para lograr que Dios nos ame. Es para expresar nuestra gratitud a Dios por el amor que nos ha mostrado en Jesucristo y por la salvación que nos ha dado libremente en Jesucristo. Así que toda nuestra obediencia a la Palabra de Dios en la vida cristiana es un acto de gratitud.

En segundo lugar, las buenas obras hechas en fe también nos dan seguridad. En su primera carta a los tesalonicenses, Pablo explica que él sabe que ellos son los escogidos de Dios (1Ts 1:3-5). Eso es asombroso. ¿Cómo sabrías tú quiénes son los escogidos de Dios? En el versículo 3, Pablo habla de las obras de fe de los tesalonicenses, de su trabajo de amor y de su constancia sostenida por la esperanza. Esencialmente está diciendo: "Veo la obra del Espíritu Santo en sus vidas y eso me hace saber que ustedes son hijos de Dios". Y después explica cómo eso sirve para darles seguridad (v 5). Se nos da seguridad en la vida cristiana cuando vemos a Dios obrando en nosotros para transformarnos, y eso se expresa en nuestra obediencia a los mandamientos de Dios.

Una tercera forma en que la ley, las buenas obras y la obediencia obran en la vida cristiana se relaciona al área del testimonio. Cuando obedecemos la Palabra de Dios, cuando hacemos buenas obras, glorificamos a nuestro Padre celestial. Y le damos a aquellos que nos observan una razón para glorificar a nuestro Padre celestial. Pedro explica esto cuando nos dice que quiere que vivamos ejemplarmente frente al mundo para que nos observen y glorifiquen a nuestro Padre celestial, quien nos amó y nos salvó por gracia (1P 2:12).

Así que, aunque somos salvos por gracia, somos salvos para vivir una vida de buenas obras y de obediencia. No para que Dios nos ame, sino porque Dios nos ama y porque queremos ser como Su Hijo, quien dijo: "Mi alimento es hacer la voluntad del que me envió y terminar Su obra" (Jn 4:34).

Oración

Padre celestial, Tú nos has salvado del pecado. Permite que no continuemos en él como si fuéramos todavía sus esclavos. Tú nos has dado mandamientos que son la senda de la vida. Permítenos atesorar esos mandamientos. Que todos los que nos conozcan vean nuestras buenas obras y te glorifiquen por ellas. Amén.

Pregunta 35

Ya que hemos sido redimidos solo por gracia, solo por medio de la fe, ¿de dónde proviene esa fe?

Todos los regalos que recibimos de Cristo los recibimos a través del Espíritu Santo, incluyendo la fe misma.

📖 **TITO 3:4-6**

Pero, cuando se manifestaron la bondad y el amor de Dios nuestro Salvador, Él nos salvó, no por nuestras propias obras de justicia, sino por Su misericordia. Nos salvó mediante el lavamiento de la regeneración y de la renovación por el Espíritu Santo, el cual fue derramado abundantemente sobre nosotros por medio de Jesucristo nuestro Salvador.

💬 Comentario

FRANCIS SCHAEFFER

Debemos percatarnos de que la cristiandad es la religión más fácil del mundo, porque es la única religión en la que Dios el Padre, Cristo y el Espíritu Santo hacen todo. Dios es el Creador; no tenemos nada que ver con nuestra existencia o con la existencia de las cosas. Podemos moldear otras cosas, pero no podemos cambiar el hecho de la existencia. No hacemos nada para nuestra salvación porque Cristo lo hizo todo. No tuvimos que hacer nada. En todas las demás religiones tenemos que hacer algo... pero en el cristianismo no hacemos nada; Dios lo ha hecho todo: Él nos ha creado y ha enviado a Su Hijo; Su Hijo murió y, debido a que el Hijo es infinito, cargó con toda nuestra culpa. No tenemos que cargar con nuestra culpa, ni tenemos que merecer el mérito de Cristo. Él lo hace todo. Así que, en cierto sentido, es la religión más fácil del mundo.[43]

MIKA EDMONDSON

Esta pregunta lidia con la forma en que los creyentes vienen a la fe y reciben la salvación comprada por Cristo. Es una pregunta que se entiende mejor si se hace en retrospectiva, mirando hacia atrás en nuestras vidas y preguntándonos: "¿Cómo pude yo, un pecador caído, llegar a amar a Jesús y a creer en el evangelio cuando muchos no lo han hecho?".

Para comprender la magnitud de esto debes entender que "el mensaje de la cruz es una locura para los que se pierden" (1Co 1:18). Aunque podemos comprender los hechos del evangelio de una forma intelectual, sin la intervención de la gracia de Dios, los rechazaríamos como si se tratara de

Pregunta 35

una locura. Pero el catecismo nos recuerda que Dios sí interviene. El Espíritu Santo le da nueva vida a los pecadores que estaban "muertos en sus transgresiones y pecados" (Ef 2:1). Mientras el evangelio es predicado, el Espíritu Santo crea fe en nuestros corazones para que abracemos al Cristo resucitado y reinante como es presentado en el evangelio. Incluso la fe (nuestra respuesta obediente al evangelio) es un regalo de la gracia de Dios. Esta maravillosa verdad tiene enormes implicaciones en nuestra forma de ver la salvación, la vida cristiana y la adoración.

Primero, confirma que nuestra salvación es verdaderamente por gracia. Ninguno de nosotros puede jactarse por ser salvo, o por haber aprovechado al máximo la salvación que se nos ofreció. Ciertamente no somos salvos porque teníamos suficiente sentido moral o espiritual en nosotros mismos como para creer en el evangelio, ni porque fuimos catequizados correctamente (aunque eso es importante). No, somos salvos solo porque, en Su divina compasión, el Cristo resucitado abrió nuestros ojos espirituales para que creyéramos en el evangelio. Mediante Su Espíritu Santo, Jesús aró el terreno rocoso de nuestros corazones para que cuando se sembrara la semilla del evangelio, diera el fruto de la fe y el arrepentimiento. Si creemos en el evangelio, debemos agradecerle a Dios por darnos la gracia de creer en Él, pues eso solo viene de Él. Por tanto, la vida cristiana debe estar marcada por la gratitud y la humildad. En nosotros mismos y por nosotros mismos, no somos mejores que nuestros prójimos que no son cristianos. La única diferencia es que algo (o, mejor dicho, Alguien) maravilloso ha venido a nuestra vida y ha cambiado todo.

Finalmente, saber que nuestra fe es un regalo de Dios cambia la forma en que vemos la adoración pública, particularmente la predicación del evangelio. A través de la proclamación del evangelio, el Cristo resucitado se presenta a Sí mismo con poder salvador y transforma a las personas por la eternidad. La vida eterna no empezará cuando Cristo regrese; la vida eterna empieza cuando el Espíritu Santo nos da vida a través del evangelio, el poder de Dios para salvación. Cuando nos sentamos a escuchar el evangelio, no solo estamos escuchando una lectura religiosa. El poder más grande en todo el mundo está obrando, dándole nueva vida a los pecadores. El cielo está descendiendo a la tierra, un glorioso "aún no" está irrumpiendo en el "aquí y ahora". La alabanza pública es el centro de la acción redentora de Dios hasta que Cristo regrese y el mundo lo vea. Hasta que llegue ese momento, lo contemplamos mediante la fe, semana tras semana, cuando nos reunimos en Su nombre para alabarle y escuchar Su Palabra. Y por medio del Espíritu Santo, estamos siendo transformados progresivamente de una forma que durará hasta la eternidad.

Oración

Espíritu Santo, nos viste cuando no podíamos buscarte porque estábamos muertos en nuestros delitos y pecados. Tú nos has dado la fe; ninguno de nosotros creería si no fuera por Tu gracia regeneradora, mediante la cual conviertes corazones de piedra en corazones de carne. Permite que a la luz de Tu misericordia inmerecida desechemos toda jactancia. Amén.

Parte 3

Espíritu, Restauración, Crecer en la gracia

Pregunta 36

¿Qué creemos sobre el Espíritu Santo?

Que Él es Dios, coeterno con el Padre y el Hijo, y que Dios lo da irrevocablemente a todos los que creen.

📖 JUAN 14:16-17

Y yo le pediré al Padre, y Él les dará otro Consolador para que los acompañe siempre: el Espíritu de verdad, a quien el mundo no puede aceptar porque no lo ve ni lo conoce. Pero ustedes sí lo conocen, porque vive con ustedes y estará en ustedes.

💬 Comentario

AGUSTÍN DE HIPONA

Por tanto, cuando nuestro Señor sopló sobre Sus discípulos y dijo: "Reciban el Espíritu Santo", ciertamente deseaba que entendieran que el Espíritu Santo no era solo el Espíritu del Padre, sino también del Hijo unigénito. Pues el mismo Espíritu es, sin duda, el Espíritu del Padre y del Hijo, formando con ellos la Trinidad del Padre, el Hijo y el Espíritu; no una criatura, sino el Creador.[44]

SAM STORMS

Para los cristianos no suele ser difícil ver a Dios como Padre. Y a muchos tampoco les cuesta ver a Dios como Hijo. Estos términos personales son fáciles para nosotros porque nuestras vidas y relaciones están entretejidas inevitablemente con padres e hijos aquí en la tierra. Pero cuando se trata de Dios como Espíritu Santo, la cosa suele cambiar. Gordon Fee relata que uno de sus estudiantes dijo: "Dios el Padre tiene perfecto sentido para mí, y puedo entender bastante bien a Dios el Hijo; pero el concepto del Espíritu Santo es como una niebla oscura en mi mente".[45]

Cuán diferente es esto de lo que leemos en la Escritura. Ahí observamos que el Espíritu no es tercero en el rango de la deidad, sino igual al Padre y al Hijo, y coeterno con Ellos, compartiendo con Ellos toda la gloria y el honor que merece nuestro Dios trino. El Espíritu Santo no es un poder impersonal ni una energía etérea y abstracta. El Espíritu es personal en todo el sentido de la palabra. Tiene una mente y piensa (Is 11:2; Ro 8:27). Es capaz de experimentar afectos y sentimientos profundos (Ro 8:26; 15:30). El Espíritu tiene voluntad y toma decisiones en cuanto a lo que es mejor para el pueblo de Dios y lo que glorifica más al Hijo (Hch 16:7; 1Co 2:11).

Vemos más de la personalidad del Espíritu cuando se nos describe que se duele cuando pecamos (Ef 4:30). El Espíritu, sin ser menos que el Padre y el Hijo, tiene una relación íntima con todos aquellos en quienes Él habita (2Co 13:14). El Espíritu habla (Mr 13:11; Ap 2:7), testifica (Jn

15:26; 16:13), anima (Hch 9:31), fortalece (Ef 3:16) y nos enseña, especialmente en tiempos de emergencia espiritual (Lc 12:12). Sabemos que el Espíritu es personal porque vemos que se le puede mentir (Hch 5:3), insultar (Heb 10:29) e incluso blasfemar (Mt 12:31-32).

Sobre todo, el Espíritu Santo es "el Espíritu de Cristo" (Ro 8:9). Su papel principal en nosotros, el templo de Dios en el cual Él habita (Ef 2:21-22), es ministrar para dirigir nuestra atención a la persona de Cristo y para despertar en nosotros afecto y devoción al Salvador (Jn 14:26; 16:12-15). Por encima de todas las cosas, el Espíritu Santo se deleita en servir como un faro que se coloca detrás de nosotros (aunque ciertamente viviendo en nuestro interior) para enfocar nuestros pensamientos y nuestra meditación en la belleza de Cristo y en todo lo que Dios es para nosotros en Él y a través de Él.

Al meditar en la persona y en la obra del Espíritu, y darle gracias por Su poderosa presencia en nuestras vidas, haríamos bien en considerar las palabras de Thomas Torrance, quien nos recuerda que "el Espíritu no es simplemente algo divino o algo parecido a Dios que viene de Él, no se trata de una especie de acción a distancia o de un regalo que puede ser separado de Él, ya que Dios el Espíritu Santo actúa directamente en nosotros; y al darnos Su Santo Espíritu, Dios se da a Sí mismo".[46]

👐 Oración

Dios Consolador, te agradecemos por enviar a Tu Espíritu a vivir en nosotros. Gracias porque Él nos disciplina, nos fortalece y nos consuela. Permítenos vivir una vida de fe confiando en Su poder, no en el nuestro. Permítenos caminar la senda de la obediencia, llenos de Su gozo. Amén.

Pregunta 37

¿Cómo nos ayuda el Espíritu Santo?

El Espíritu Santo nos convence de pecado, nos consuela, nos guía, nos da dones espirituales y el deseo de obedecer a Dios; y nos capacita para orar y comprender la Palabra de Dios.

EFESIOS 6:17-18

Tomen el casco de la salvación y la espada del Espíritu, que es la palabra de Dios. Oren en el Espíritu en todo momento, con peticiones y ruegos. Manténganse alerta y perseveren en oración por todos los santos.

Comentario

JOHN OWEN

El Espíritu Santo que mora en nosotros nos da guía y dirección. De una forma fundamental y habitual, Él ilumina nuestras mentes, nos da ojos y entendimiento; nos traslada de la oscuridad a la luz admirable para poder ver nuestro andar, conocer nuestras sendas y discernir las cosas de Dios...

Él nos da nueva luz y entendimiento para que, en general, podamos discernir, comprender y recibir las cosas espirituales... Así como nos da la luz, nos da la fuerza a través del derramamiento del Espíritu en nosotros; fortaleza para recibir y practicar todo lo que en Su gracia nos revela... Tenemos evidencias de que el Espíritu mora en nosotros. Nuestros corazones están listos para hundirse y fracasar en medio de las pruebas; ciertamente, cualquier pequeñez podría llevarnos a fracasar: la carne, el corazón y todo lo que hay en nosotros siempre están listos para fracasar... El Espíritu nos ayuda, sobrellevando esa debilidad que siempre está dispuesta a hundirnos.[47]

LEO SCHUSTER

Siempre me han impresionado las palabras de Jesús: "Separados de Mí no pueden ustedes hacer nada". Son un refrescante recordatorio de que nuestra necesidad, de principio a fin, no es parcial, sino total. Al darnos el Espíritu Santo, Cristo nos ha dado todo lo que necesitamos y más, de principio a fin. El Espíritu Santo nos da vida. Él llena nuestras vidas y nos dirige hacia Aquel que es la vida. Él nos da vida en el sentido de que no estamos simplemente necesitados espiritualmente, sino que estamos muertos en pecado. Nuestra vida espiritual comienza cuando el Espíritu Santo nos regenera, dándonos nueva vida. Cuando convierte nuestro corazón de piedra en uno de carne, hace que la verdad de la Palabra de Dios sea real en nosotros y que aceptemos libremente a Cristo como se nos ofrece en el evangelio. Esto nos recuerda que ser cristiano no se trata de ser una mejor persona, sino de ser una nueva persona, solo por la gracia de Dios y solo a través de la fe.

No solo nos da vida, sino que Él también llena nuestra vida. Cuando nos convertimos en cristianos, Dios el Padre nos adopta como Sus hijos y nos da el Espíritu de la adopción. Él viene a vivir en nosotros y nos llena, y al hacerlo nos guía como un consejero—sosteniéndonos, convenciéndonos de pecado e incluso orando por nosotros cuando nos sentimos demasiado débiles para hacerlo por nosotros mismos. En todo esto nos hace crecer a la semejanza de Cristo, permitiéndonos hacer las buenas obras que Dios ha preparado de antemano para nosotros. Y nos da dones específicos para que los utilicemos y contribuyamos a la edificación del cuerpo de Cristo, y para que amemos, sirvamos y obedezcamos a Dios.

Así que Él nos da vida. Él llena nuestra vida. Y finalmente, nos dirige hacia Aquel que es la vida. Jesús dijo: "[El Espíritu] me glorificará porque tomará de lo Mío y se lo dará a conocer ustedes" (Jn 16:14). El Espíritu Santo es el Espíritu de Cristo. No llama la atención hacia Sí mismo, sino que glorifica a Jesús y nos da la gracia para hacer lo mismo, haciendo que Aquel que es la vida sea nuestra vida y nuestro amor. Aquel que es el Alfa y el Omega, el Principio y el Fin, nos ha dado Su Espíritu para proveer todo lo que necesitamos de principio a fin. Él nos da vida, llena nuestra vida y nos dirige hacia Aquel que es la vida.

✋ Oración

Dios el Espíritu, cumple Tu propósito en nosotros. Que Tu luz brille sobre los pecados ocultos de nuestros corazones. Capacítanos para tareas que son demasiado grandes para nosotros. Ayúdanos a gozarnos en lo que te agrada. Intercede por nosotros y abre nuestros ojos para comprender correctamente la Palabra de verdad. Amén.

Pregunta 38

¿Qué es la oración?

La oración es derramar nuestros corazones a Dios en alabanza, petición, confesión de pecado y agradecimiento.

SALMO 62:8

Confía siempre en Él, pueblo mío;
  ábrele tu corazón cuando estés ante Él.
  ¡Dios es nuestro refugio!

Comentario

ABRAHAM BOOTH

Debido a que los enemigos de tu alma son empedernidos, sutiles y poderosos, y tus marcos espirituales son inconstantes, es altamente necesario que vivas recordando continuamente aquellas consideraciones. ¿Qué sería más recomendable y necesario que caminar cuidadosamente; que velar y orar, no sea que entres en tentación? Siempre debes recordar tu propia debilidad e insuficiencia y reflejarla en tu conducta. Debido a que la corrupción de la naturaleza es un enemigo que siempre está cerca de ti, y siempre dentro de ti, mientras vivas en la tierra; y debido a que está fuertemente dispuesta a ceder ante cada tentación; deberías "por sobre todas las cosas [cuidar] tu corazón". Cuida, cuida diligentemente, todas sus imaginaciones, emociones y tendencias. Considera cuándo surgen y hacia qué se inclinan antes de ejecutar cualquier propósito. Tan grande es el engaño del corazón humano que "el que confía en su propio corazón es un necio"; ignorante de su peligro y sin considerar sus mejores intereses. Esta consideración debería provocar que todo hijo de Dios doble sus rodillas suplicantes, con la mayor frecuencia, humildad y fervor; que viva ante el trono de la gracia y no se aleje de ahí para ponerse al alcance del peligro. Cuanto más veamos la fortaleza de nuestros adversarios y el peligro en el que estamos, tanto más debemos ejercitarnos en la oración ferviente. ¿Puedes tú, cristiano, ser indiferente y descuidado cuando el mundo, la carne y el diablo son tus implacables e incansables oponentes?[48]

JOHN PIPER

La única forma de andar en el Espíritu es por medio de la oración. Es la única manera de caminar por fe. En otras palabras, la oración es el aliento diario de la vida cristiana. Es un estilo de vida.

Permíteme ilustrar esto con cuatro elementos del catecismo: confesión, petición, alabanza y agradecimiento. Te invito a que en cada ocasión donde sientas que *necesitas ayuda*, enfrentes ese momento orando y utilizando estos cuatro elementos.

Supongamos que tengo que hablar frente a un grupo y estoy nervioso (puedes elegir cualquier situación que te sea difícil). A medida que se acerca el momento, me pregunto:

"¿Seré capaz de hacer esto? ¿Recordaré lo que tengo que decir? ¿Quedaré como un tonto?". Y en ese momento *confieso* mi necesidad a Dios y le digo: "Señor, soy un pecador. No merezco Tu ayuda, pero la necesito. No puedo hacer nada sin Ti". Ese es el paso de confesión en la oración. Después convierto mi confesión en *petición*. "Señor, por favor ayúdame. Necesito una buena memoria. Necesito buena articulación. Necesito la actitud adecuada. Necesito humildad. Necesito poder mirar a las personas a los ojos. Necesito todas estas cosas. Quiero ser de ayuda a mis oyentes. Pero estas cosas no están en mí. Ayúdame". Ese es el paso de petición en la oración. Un clamor por ayuda.

Y después tengo que pensar en algún atributo de Dios que me lleve a alabarle y a confiar en Él. Por ejemplo, Dios dice: "Te fortaleceré y te ayudaré; te sostendré con Mi diestra victoriosa" (Is 41:10). Yo me aferro a esa promesa, a ese poder, ese amor y esa misericordia; *confío en Él y lo alabo*. "Tú, Señor, puedes ayudarme. Confío en que me ayudarás. Te alabo por ser la clase de Dios que está dispuesto, y es capaz, de ayudarme". Ese es el paso de *confianza y alabanza* en la oración.

Luego predico, confiando en Él. Y cuando termino, sin importar qué suceda, le doy las gracias. Debido a que confié en que Él me ayudaría, creo que utilizará mi esfuerzo independientemente de cuán bien yo crea que me haya ido. "¡Gracias, Señor!". Ese es el paso del *agradecimiento* en la oración.

Ahí están—cuatro palabras claves del catecismo.

Primero, *confiesa* continuamente tu necesidad al Señor. "Te necesito".

Segundo, *pide*, clama por ayuda. "¡Ayúdame!".

Tercero, *aférrate* a las promesas de Dios con confianza y *alabanza* por Su capacidad para cumplirlas.

Y después, cuando te ayude, ve y dile: *"Gracias"*.

Ese es el ritmo de la vida cristiana, el aire para el cristiano.

 Oración

Nuestro gran Refugio, gracias por llamarnos a la oración. No eres un Dios lejano; estás cerca y nos escuchas cuando te oramos. Ayúdanos a derramar nuestros corazones continuamente delante de Ti. Ayúdanos a orar sin cesar, viniendo tal como somos ante Tu trono de gracia. Amén.

Pregunta 39

¿Con qué actitud debemos orar?

Con amor, perseverancia y gratitud; en humilde sumisión a la voluntad de Dios, sabiendo que, gracias a Cristo, Él siempre escucha nuestras oraciones.

📖 FILIPENSES 4:6

No se inquieten por nada; más bien, en toda ocasión, con oración y ruego, presenten sus peticiones a Dios y denle gracias.

💬 Comentario

JOHN BUNYAN

Antes de orar, hazle estas preguntas a tu alma: ¿Con qué fin, alma mía, has venido a este lugar? ¿Has venido a hablar con el Señor en oración? ¿Está Él presente, te escuchará? ¿Es misericordioso, te ayudará? ¿Es tu asunto ligero, concierne al bienestar de tu alma? ¿Qué palabras usarás para moverlo a la compasión? Para completar tu preparación, considera que solo eres polvo y que Él es el gran Dios y Padre de nuestro Señor Jesucristo, quien se viste de luz; que eres un vil pecador, y Él un Dios santo; que eres un gusano, y Él el Creador omnipotente. En ninguna de tus oraciones olvides agradecerle al Señor por Sus misericordias. Cuando ores, es preferible que tu corazón se quede sin palabras a que tus palabras se queden sin corazón. O la oración lleva al hombre a dejar de pecar, o el pecado lo seduce para que deje de orar.[49]

THABITI ANYABWILE
La oración hipócrita es un oxímoron; la hipocresía y la oración no van juntas. Cualquier cosa a la que llamemos oración debe estar separada de la hipocresía. El Señor nos enseña esto en los evangelios cuando habla sobre aquellos que oran para una audiencia; para ellos, la oración es un espectáculo. Y si llevas cierto tiempo orando, sabrás que no necesitas una audiencia para que tu oración sea un espectáculo. A veces nos contemplamos a nosotros mismos mientras oramos. Admiramos la elocuencia de nuestra apelación. Nos gusta cómo suena. Así que nuestra oración puede pasar de ser un acto de comunión con Dios a ser una demostración de orgullo.

Pero la verdadera oración es una expresión de amor. La verdadera oración es una expresión de perseverancia. Es una expresión de gratitud.

¿Por qué de amor? Porque en la oración nos comunicamos con Dios el Padre, Dios el Hijo y Dios el Espíritu Santo. Estamos orando al Padre en el nombre del Hijo a través del Espíritu. Y en el acto de la oración debemos disfrutarlos, conocerlos y tener comunión con ellos. ¿Cómo puede la oración ser comunión sin no hay amor?

En la oración también debe haber perseverancia, firmeza e intencionalidad; deberíamos estar tocando a la puerta continuamente. Esta perseverancia es necesaria para prevalecer contra nuestra carne. Nuestra carne lucha contra nuestro espíritu. Y cuando oramos, ¿no experimentamos una mente distraída? Cuando oramos, ¿no experimentamos debilidad y fatiga? Me he quedado dormido, tal como los apóstoles del Señor en el huerto del Getsemaní. Así que para poder tener esta comunión plena con el Señor necesitamos perseverancia e intencionalidad en las cosas de Dios, luchando contra las distracciones del mundo y crucificando nuestra carne una y otra vez.

Finalmente, la oración debe ser una expresión de gratitud. Contemos las bendiciones del Señor. Traigamos Su providencia a la memoria. Observemos las intervenciones divinas en nuestras vidas para que no solo recibamos a Cristo, sino que recibamos todo en Cristo y lo experimentemos en formas sorprendentes, en momentos oportunos y en tiempos inesperados. Las intervenciones de Dios, que son bendiciones y distribuciones de Su bondad hacia nosotros, deben cultivar gratitud en nosotros. Nuestras oraciones deben expresar ese agradecimiento para que seamos conscientes de las bondades del Señor.

Incluso cuando no podamos ver la mano de Dios, podemos confiar en Su corazón porque sabemos que Dios es bueno, y estamos agradecidos por Su bondad. Eso nos alienta a orar y ser perseverantes, y nos hace volver en amor a Cristo el Salvador, a Dios nuestro Padre y al Espíritu nuestro Consolador.

Oración

Padre amoroso, venimos a Ti en el nombre de Tu amado Hijo. Danos perseverancia en la oración, incluso cuando no vemos respuestas inmediatas. Ayúdanos a creer que Tú no nos privarás de algo bueno, y a confiar en que no nos darás aquellas cosas que queremos si nos harán daño. Tus caminos son más altos que los nuestros, y confiamos nuestras peticiones a Tu soberana bondad. Amén.

Pregunta 40
———

¿Qué debemos orar?

Toda la Palabra de Dios nos dirige e inspira en cuanto a lo que debemos orar, incluyendo la oración que Jesús mismo nos enseñó.

📖 EFESIOS 3:14-21

Por esta razón me arrodillo delante del Padre, de quien recibe nombre toda familia en el cielo y en la tierra. Le pido que, por medio del Espíritu y con el poder que procede de Sus gloriosas riquezas, los fortalezca a ustedes en lo íntimo de su ser, para que por fe Cristo habite en sus corazones. Y pido que, arraigados y cimentados en amor, puedan comprender, junto con todos los santos, cuán ancho y largo, alto y profundo es el amor de Cristo; en fin, que conozcan ese amor que sobrepasa nuestro conocimiento, para que sean llenos de la plenitud de Dios.

Al que puede hacer muchísimo más que todo lo que podamos imaginarnos o pedir, por el poder que obra eficazmente en nosotros, ¡a Él sea la gloria en la iglesia y en Cristo Jesús por todas las generaciones, por los siglos de los siglos! Amén.

📄 Comentario

JUAN CRISÓSTOMO

Grande es el beneficio obtenido de las sagradas Escrituras, y su ayuda es suficiente para toda necesidad. Esto era lo que Pablo estaba señalando cuando dijo: "Todo lo que se escribió en el pasado se escribió para enseñarnos, a fin de que, alentados por las Escrituras, perseveremos en mantener nuestra esperanza" (Ro 15:4; ver 1Co 10:11). Ciertamente las palabras divinas son un tesoro que contiene toda clase de remedio en abundancia, ya sea que alguien necesite vencer al orgullo, apagar el fuego de la concupiscencia, aplastar el amor al dinero, despreciar el dolor, cultivar alegría o adquirir paciencia.[50]

ALISTAIR BEGG

Cuando nos preguntamos qué debemos orar, instintivamente vamos a la Biblia, porque es la Biblia la que nos inspira y dirige. Así que ya sea que Jesús nos recuerde que siempre debemos orar sin desmayar o que Pablo le recuerde a los filipenses que no deben estar ansiosos sino que deben acudir a Dios en oración, es la Biblia la que nos mantiene en el camino. Cuando oramos, realmente le estamos pidiendo a Dios que alinee nuestras vidas y las vidas de los demás con Sus propósitos. Y cuando oramos de esa manera, podemos orar con confianza.

Podemos orar por nuestro mundo, que más hombres y mujeres puedan creer en el evangelio. Podemos orar para que, como dijo Jesús, sean enviados más obreros al campo misionero. Podemos orar por la obra del evangelio en nuestras vidas, que podamos ser santos, agradecidos y podamos tener gozo. Y al hacer todo esto debemos recordar que Dios está dispuesto a bendecirnos más de lo que estamos dispuestos a pedirle.

Como dijo Jesús: "Pues si ustedes, aun siendo malos, saben dar cosas buenas a sus hijos, ¡cuánto más su Padre que está en el cielo dará cosas buenas a los que le pidan!" (Mt 7:11).

Oración

Dios que escucha, permite que Tu Palabra viviente moldee nuestros deseos y nuestras oraciones. Que nos desafíe a orar por cosas que no parecen posibles. Que al acercarnos a Ti como hijos amados Tu Palabra nos ayude a verte tal como eres. Que nos lleve a estar de rodillas, reconociendo nuestra necesidad de Ti. Amén.

Pregunta 41

¿Qué es la oración del Señor?

Padre nuestro que estás en el cielo, santificado sea Tu nombre, venga Tu Reino, hágase Tu voluntad en la tierra como en el cielo. Danos hoy nuestro pan cotidiano. Perdónanos nuestras deudas, como también nosotros hemos perdonado a nuestros deudores. Y no nos dejes caer en tentación, sino líbranos del maligno.

MATEO 6:9

Ustedes deben orar así: "Padre nuestro que estás en el cielo, santificado sea Tu nombre...".

Comentario

MARTÍN LUTERO

¿Te sientes débil y tímido? Porque la carne y la sangre siempre obstaculizan la fe, haciéndote creer que no eres digno o que no estás capacitado para orar; ¿o dudas de que Dios te escuche porque eres un pecador? Entonces aférrate a la Palabra y di: Aunque soy pecador e indigno, Dios me ha ordenado orar y tengo Su promesa de que me escuchará, no porque sea digno, sino por causa del Señor Jesucristo. Así puedes luchar contra esos pensamientos y dudas, y arrodillarte con gozo para orar, sin importar si eres o no digno; lo que importa es tu necesidad y Su palabra, sobre la cual Él te dice que construyas; especialmente porque Él ha puesto en tu boca las palabras y el motivo de la oración, para que con gozo envíes estas oraciones por medio de Él y puedas dejarlas en Su regazo, a fin de que Él, que sí es digno, se las presente al Padre.[51]

JUAN SÁNCHEZ

Cuando los discípulos de Jesús le pidieron que les enseñara a orar, Jesús les dio un modelo de oración.

Cuando decimos "Padre nuestro", recordamos que el Dios que creó el universo es nuestro Padre en el cielo. Él es el Padre que provee. Él es el Padre que sustenta. Él es el Padre que protege. Y la oración nos recuerda que podemos correr a nuestro Padre para presentarle nuestras necesidades.

Pero Jesús también nos recuerda que Él no solo es nuestro Padre, sino que también es nuestro Rey. Así que cuando decimos: "Venga Tu reino, hágase Tu voluntad", estamos reconociendo que nuestro Padre es el Rey. Venimos a nuestro Padre, quien es el Rey del universo y tiene total autoridad sobre todas las cosas. Nuestro enfoque debe estar, sobre todas las cosas, en nuestro Padre, quien es el Rey. Y el mayor gozo para Sus hijos es que Su nombre sea glorificado, que Su nombre sea conocido, famoso. Por ello debemos orar: "Dios, haz que Tu nombre sea famoso". La oración del Señor también es una oración corporativa. "Padre nuestro" nos recuerda que no somos hijos únicos. Nuestro deseo es asegurarnos de que Su nombre sea glorificado en toda la tierra. Finalmente, este mundo no es nuestro hogar y anhelamos que Su reino

Pregunta 41

sea completamente establecido. Pero hasta entonces, Jesús nos recuerda que podemos acudir a nuestro Padre. Cuando le fallamos a nuestro Padre, cuando le fallamos a nuestro Rey, podemos pedirle perdón.

El modelo de oración del Señor nos enseña que somos totalmente dependientes de nuestro Padre para todas nuestras necesidades diarias. Creo que las personas de hoy en día tienden a olvidar esto. Jesús nos dijo que oráramos de esta manera: "Danos hoy nuestro pan cotidiano". Esto debería humillarnos.

Finalmente, mientras llega el Reino de Dios, tenemos que entender que estamos en una batalla espiritual y que necesitamos protección. Tenemos que pedirle a nuestro Rey que nos proteja. De hecho, el apóstol Pablo nos recuerda que en esta guerra espiritual no utilizamos nuestra propia armadura, sino la de Dios (Ef 6:10-18). Nos ponemos la armadura de nuestro Rey. Nos ponemos la armadura de nuestro Padre y peleamos en Sus fuerzas. Es correcto y bueno para nosotros—cualesquiera sean nuestras necesidades o circunstancias—recordar que somos totalmente dependientes de nuestro Padre Rey, y que podemos correr a Él. Podemos acudir a Él y pedirle aquello que necesitamos.

Mientras tengamos aliento, vivamos para hacer que el nombre de nuestro Rey sea conocido, glorifiquemos Su nombre, tanto como iglesia como individualmente, anhelando que venga Su Reino. Anhelemos el regreso de Jesús, y no olvidemos que mientras llega ese día, Él perdonará nuestros pecados, proveerá nuestro pan cotidiano y nos protegerá del maligno.

Oración

Padre celestial, cuando hagamos la oración que nos enseñaste, guárdanos de recitar palabras huecas. Permite que estas peticiones sean el clamor de nuestros corazones. Que Tu Reino descienda sobre nosotros y a través de nosotros para la gloria de Tu nombre. Amén.

Pregunta 42

¿Cómo debe ser leída y escuchada la Palabra de Dios?

Con diligencia, preparación y oración; para que podamos aceptarla con fe, guardarla en nuestros corazones y practicarla en nuestras vidas.

2 TIMOTEO 3:16-17

Toda la Escritura es inspirada por Dios y útil para enseñar, para reprender, para corregir y para instruir en justicia, a fin de que el siervo de Dios esté enteramente capacitado para toda buena obra.

Comentario

THOMAS CRANMER

Por tanto, yo les recomendaría a todos aquellos que vayan a leer o a escuchar este libro, que es la Palabra de Dios, la joya más preciosa y la reliquia más santa que existe en la tierra; que lleven consigo el temor de Dios y que lo hagan con toda reverencia y utilicen su conocimiento, no para vanagloria o disputas frívolas, sino para honrar a Dios, aumentar la virtud y la edificación propia y de los demás.[52]

KEVIN DEYOUNG

La Biblia no es simplemente otro libro, así que debemos acercarnos a ella de una manera única. La Biblia es inspirada por Dios: "Toda la Escritura es inspirada por Dios" (2Ti 3:16). Es inspirada. Eso no significa que la Biblia inspira. Ahora, sí es inspiradora. Pero independientemente de que a alguien le inspire o no, la Biblia sigue siendo inspirada. Es la Palabra de Dios para nosotros. Es Dios exhalando, Dios abriendo Sus santos labios y hablándonos. Esta Palabra es la Palabra de Dios, y esta Palabra es exactamente lo que Dios quería que se escribiera en las Santas Escrituras.

Así que debemos acercarnos a la Escritura con especial reverencia y cuidado. Tenemos que ser diligentes. Tenemos que estar preparados. Tenemos que tomarla en serio. Y venimos a ella con especial reverencia porque Dios nos está hablando. Una de las formas en que nos sometemos a la Palabra es dejando de decirle a Dios qué tiene que hacer. Ahora es Dios quien nos habla. Un teólogo una vez dijo que ser cristiano significa que te pones la mano en tu boca y guardas silencio. Esto no significa que no podemos clamar a Dios. Ciertamente los Salmos están llenos de clamor. Pero significa que nos acercamos a las Escrituras con reverencia, queriendo escuchar de Dios, sometiéndonos por completo a Su Palabra.

Cuando venimos a la Biblia, nuestro propósito no es solo obtener información. Nunca es menos que eso—no estamos en contra de la información. Dios la usa. Pero venimos a la Biblia buscando más que solo información. Queremos fe. Eso es lo que Dios quiere: que aceptemos la Palabra con fe, con un placer real, con un deseo por ella y en dependencia de ella.

Cuando abrazamos la Palabra de Dios con fe, la guardamos en nuestros corazones. John Bunyan dijo que, si lo pincharas, su sangre sería "biblina". Estaba tan lleno de las Escrituras que emanaban de él. Eso es lo que deseamos, y por eso la guardamos.

Y luego la ponemos en práctica. ¿Alguna vez Jesús dijo: "Si me amas, tendrás una sensación en tu corazón"? No, no dijo eso, aunque eso es maravilloso. Pero sí dijo: "Si ustedes me aman, *obedecerán mis mandamientos*" (Jn 14:15). Así que si realmente queremos amar a Dios, tenemos que estar comprometidos a obedecer Su Palabra. Este es el objetivo: ser transformados por Él, aceptarle mediante la fe y adorarle a Sus pies. Ciertamente, en su forma más simple, debemos venir a la Palabra de Dios con la misma actitud con la que nos acercamos a Dios. Si viéramos a Dios abrir Su boca para hablarnos, ¿cómo nos acercaríamos a Él? Bueno, creo que le escucharíamos con cuidado. Le escucharíamos con diligencia. Le escucharíamos con sumisión. Le escucharíamos con expectación. Y le escucharíamos con el objetivo de amarle y obedecerle. Dios nos habla por medio de las Escrituras.

Oración

Dador de la Palabra, ayúdanos a atesorar Tus Escrituras como nuestra más preciada posesión. Permite que esté en nuestras mentes y en nuestros labios. Permite que transforme nuestro pensamiento y reforme nuestro vivir. Haznos estudiantes atentos y siervos devotos de tu perfecta Palabra. Amén.

Pregunta 43

¿Qué son los sacramentos u ordenanzas?

Los sacramentos u ordenanzas dados por Dios e instituidos por Cristo, es decir, el bautismo y la Cena del Señor, son señales y sellos visibles de que estamos unidos como una comunidad de fe por Su muerte y resurrección. Mediante el uso que hacemos de ellos, el Espíritu Santo nos declara las promesas del evangelio y las sella en nosotros.

📖 ROMANOS 6:4

Por tanto, mediante el bautismo fuimos sepultados con Él en Su muerte, a fin de que, así como Cristo resucitó por el poder del Padre, también nosotros llevemos una vida nueva.

📖 LUCAS 22:19-20

También tomó pan y, después de dar gracias, lo partió, se lo dio a ellos y dijo: "Este pan es Mi cuerpo, entregado por ustedes; hagan esto en memoria de Mí". De la misma manera tomó la copa después de la cena, y dijo: "Esta copa es el nuevo pacto en Mi sangre, que es derramada por ustedes".

💬 Comentario

CHARLES SIMEON

Esto digo del bautismo y de la Cena del Señor: "No pueden ser valorados lo suficiente en su adecuado u correspondiente uso: pero, si se abusa de ellos para propósitos que no se les asignaron, si los miramos como si contuvieran en ellos mismos, o ellos mismos proveyeran, salvación para los hombres, han sido profanados"... Aprendamos, por tanto, a utilizar las ordenanzas de Dios—debemos estar agradecidos por ellas; debemos honrarlas; debemos buscar a Dios en ellas y esperar que Dios nos comunique gracia y paz a través de ellas. Deben ser reverenciadas, pero no idolatradas; deben ser utilizadas como medios, pero no debemos descansar en ellas como si fueran un fin en sí mismas. Nadie debe pensar lo mejor de sí mismo solo porque ha cumplido con alguna ordenanza.[53]

TIMOTHY KELLER

Existen dos sacramentos u ordenanzas. Son el bautismo, que es una vez y para siempre. Y la Cena del Señor, que se practica regularmente. Les llamamos a ambos *ordenanzas* porque Jesucristo nos ordenó practicarlas. Pero les llamamos *sacramentos* porque a través de ellos las bendiciones de Dios y Su gracia vienen a nosotros de manera única. No son meras experiencias personales e individuales. Somos miembros de una comunidad, y el bautismo y la Cena del Señor muestran que pertenecemos a una comunidad, la comunidad del pacto, las personas que pertenecemos a Jesús. Y por eso funcionan como marcas delimitantes. La Confesión de Westminster dice que "establecen una diferencia visible entre aquellos que pertenecen a la iglesia y el resto del mundo".[54]

Ambos son señales y sellos. Les llamamos *señales* porque simbolizan las bendiciones de la salvación, el perdón de pecados, la recepción del Espíritu Santo y la capacidad de tener comunión con Jesucristo en Su presencia. Pero no solo son señales; también son *sellos*. Eso significa que realmente nos traen estas bendiciones. Nos dan seguridad y alientan nuestra fe, y es nuestra fe la que recibe esas bendiciones.

Algunas partes de la Biblia, como 1 Corintios 10 y 1 Pedro 3, parecen decir que son los sacramentos los que reciben estas bendiciones de salvación. Pero los sacramentos alientan nuestra fe, y es nuestra fe la que realmente recibe las bendiciones y la que nos salva. J. I. Packer lo dice de esta manera: "De la misma forma en que la predicación de la Palabra hace que el evangelio sea audible, así los sacramentos lo hacen visible, y Dios alienta nuestra fe por medio de ambos".[55] Los sacramentos, por tanto, funcionan como medios de gracia bajo el principio de que ver nos lleva a *creer*.

Oración

Dador del evangelio, Tú nos has dado señales de Tu gracia que pueden ser vistas, sentidas y probadas. Ayúdanos a practicarlas de acuerdo a Tus mandamientos. Que ellas aparten nuestra mirada de nosotros mismos y la dirijan hacia Tu obra salvadora. Guárdanos de exaltar las señales de tal forma que distraigan nuestra atención del Salvador a quien apuntan. Amén.

Pregunta 44

¿Qué es el bautismo?

El bautismo es el lavamiento con agua en el nombre del Padre, del Hijo y del Espíritu Santo; representa y sella nuestra adopción en Cristo, nuestro lavamiento del pecado y nuestro compromiso a pertenecer al Señor y a Su iglesia.

MATEO 28:19

Por tanto, vayan y hagan discípulos de todas las naciones, bautizándolos en el nombre del Padre y del Hijo y del Espíritu Santo.

Comentario

GEORGE HERBERT

> Como quien ojea el sombrío huerto
> Y no lo observa, sino que mira al cielo,
> Al ver mis pecados, mis ojos buscan atrás,
> Mucho más atrás, y vuelan hacia aquellas aguas
> Que están arriba en los cielos, cuya fuente y sustento
> Reposa en el costado de mi amado Redentor.

¡Oh, bendita fuente! O previenes, sí, previenes
Y detienes nuestros pecados de mucho prosperar,
O nos das lágrimas para ahogarlos,
   a medida que crezcan.
En Ti, la redención abarca todo mi tiempo,
Y extiende la gasa que necesita cada herida:
Le enseñaste mi nombre al libro de la vida para que
Todo pecado futuro que pueda yo cometer,
Tu cercana presencia lo pueda desacreditar.[1]

COLLIN HANSEN

Cuando le dije a mi pastor que quería convertirme en un miembro de la iglesia, me ofreció una simple explicación de por qué debía entonces bautizarme: porque Jesús lo hizo. ¿Por qué Jesús entró al Jordán y le pidió a Su primo Juan que lo sumergiera en el agua? Después de todo, no tenía pecado que confesar, no tenía necesidad de arrepentirse.

Siempre me he identificado con la respuesta incrédula de Juan, el que preparó el camino para el Señor, a la solicitud de Jesús: "Yo soy el que necesita ser bautizado por Ti, ¿y Tú vienes a mí?" (Mt 3:14).

Sí, respondió Jesús, "pues nos conviene cumplir con lo que es justo" (Mt 3:15).

En Su bautismo, Jesús se identificó con todos nosotros quienes, por el pecado, moriremos algún día como resultado del juicio de Dios (Gn 3:19). El agua ha sido un símbolo del juicio de Dios desde Génesis 6-7, cuando Dios juzgó la maldad del hombre y envió un diluvio para destruir todo, excepto a Noé y a su familia. Aunque Él nunca pecó, Jesús murió en manos de hombres pecadores mientras absorbía la ira de Dios por el mundo pecaminoso.

Pregunta 44

El agua, por supuesto, también es necesaria para la vida. Antes de que hubiese luz, el Espíritu de Dios se movía sobre las aguas (Gn 1:2). Y cuando Jesús, quien resucitó y ascendió, regrese para inaugurar los cielos nuevos y la tierra nueva, un río de vida fluirá desde el trono de Dios y del Cordero en la Nueva Jerusalén (Ap 22:1-2). Todo el que se sumerja en estas olas siendo enemigo de Dios emergerá como hermano del Hijo de Dios, siendo coheredero de Su herencia eterna.

El bautismo es un sello y una señal de que hemos sido adoptados en la familia de Dios. El Padre, el Hijo y el Espíritu Santo se han amado en perfecta armonía desde antes de la Creación, antes de que Dios moldeara a Adán del polvo. En el bautizo de Jesús vemos a las tres personas. Mientras Jesús emerge del agua, el Espíritu de Dios desciende como una paloma y reposa sobre Él (Mt 3:16). Para que nadie malinterpretara el significado de esta señal, el Padre habló desde el cielo: "Este es Mi Hijo amado; estoy muy complacido con Él" (Mt 3:17).

Cada vez que recuerdo mi bautismo, escucho estas palabras de bendición. Jesús se sumergió en las aguas del juicio para que yo pudiera beber del agua de vida eterna. Debido a que Jesús me llama hermano, puedo llamar a Dios mi Padre. Debido a que el Espíritu descendió sobre Él como paloma, tengo paz con Dios, de quien una vez fui enemigo.

Antes estaba fuera del pueblo de Dios, fuera de Su familia debido a mi pecado. Pero ahora soy un hermano para todos aquellos que también han sido bautizados en el nombre del Padre, del Hijo y del Espíritu Santo. La iglesia es nuestro hogar, el lugar donde, a pesar de nuestros desacuerdos y disputas, nos juntamos para confesar que tenemos un Señor y una fe (Ef 4:5). Se nos ha dado la Gran Comisión para seguir los pasos de Juan y llamar a otros al arrepentimiento mostrándoles a Jesús, el Cordero de Dios que quita el pecado del mundo (Jn 1:29). Y luego los bautizamos para que siempre sepan que Dios los ama, que Él está complacido con ellos porque pertenecen a Cristo.

Oración

Purificador, no podemos limpiar nuestros propios corazones, sino que debemos venir a Ti para que seas Tú quien laves nuestros pecados. Gracias por las aguas del bautismo, las cuales no nos salvan, pero representan nuestra salvación y nos unen haciéndonos un solo pueblo, Tus hijos adoptivos. Amén.

Pregunta 45

¿Es el bautismo con agua lo que nos limpia de pecado?

No, solo la sangre de Cristo y la renovación del Espíritu Santo pueden limpiarnos del pecado.

📖 LUCAS 3:16

"Yo los bautizo a ustedes con agua", les respondió Juan a todos. "Pero está por llegar uno más poderoso que yo, a quien ni siquiera merezco desatarle la correa de Sus sandalias. Él los bautizará con el Espíritu Santo y con fuego".

💬 Comentario

JUAN CALVINO

"Él los bautizará con el Espíritu Santo y con fuego". Algunos han preguntado: ¿Por qué Juan no dice simplemente que Cristo lava las almas con Su sangre? La razón es que este lavamiento es hecho por el poder del Espíritu, y Juan lo reconoce al expresar todo el efecto del bautismo con la palabra

Espíritu. El significado es claro, que solo Cristo otorga toda la gracia que es representada por el bautismo externo, porque es Él quien "rocía la conciencia" con Su sangre. También es Él quien hace morir al viejo hombre y nos da el Espíritu que nos regenera. La palabra fuego es añadida como un epíteto y aplicada al Espíritu porque quita nuestras impurezas, como el fuego purifica el oro.⁵⁷

R. KENT HUGHES

El texto clásico que celebra y anuncia el bautismo del creyente en Cristo es 1 Corintios 12:13: "Todos fuimos bautizados por un solo Espíritu para constituir un solo cuerpo—ya seamos judíos o gentiles, esclavos o libres—, y a todos se nos dio a beber de un mismo Espíritu". Esto habla de cómo el Espíritu nos injerta en el cuerpo de Cristo, y en mi caso sucedió cuando apenas tenía doce años. Nunca había escuchado del bautismo del Espíritu Santo, pero ciertamente había sido bautizado por el Espíritu Santo. Y ahora, con el pasar de los años, lo que era un hecho objetivo se ha convertido en una realidad subjetiva en mi vida.

Cuando fui bautizado por el Espíritu, fui regenerado, nací de nuevo. Nací del Espíritu, dice Juan 3. Qué hermosa imagen. La metáfora de nacer de nuevo describe la obstetricia divina, porque fui sacado de la oscuridad y traído a la luz, y comencé a ver ciertas cosas.

Al mismo tiempo que fui regenerado, el Espíritu Santo empezó a morar en mí. Jesús dice en Juan 14 que el Espíritu "vive con ustedes" y "estará en ustedes". Perdí a mi padre cuando aún era muy pequeño, y me sentía solo en el mundo. Cuando el Espíritu Santo empezó a morar en mí, sentí que había sido adoptado. No sabía que había sido sellado por el

Espíritu Santo. Como dice en Efesios 1:13-14: "En Él también ustedes, cuando oyeron el mensaje de la verdad, el evangelio que les trajo la salvación, y lo creyeron, fueron marcados con el sello que es el Espíritu Santo prometido. Este garantiza nuestra herencia hasta que llegue la redención final del pueblo adquirido por Dios, para alabanza de Su gloria". Eso me dio un sentido de protección y realidad de que había sido sellado por el Espíritu Santo cuando fui bautizado por Él.

Cuando fui bautizado en el Espíritu, el Espíritu intercedió por mí. Romanos 8:26 dice: "Así mismo, en nuestra debilidad el Espíritu acude a ayudarnos. No sabemos qué pedir, pero el Espíritu mismo intercede por nosotros con gemidos que no pueden expresarse con palabras" (Ro 8:26). Y lo hace porque conoce nuestros corazones.

Y al mismo tiempo fui iluminado. Recuerdo una vez en que, siendo niño y estando en un campamento, regresé a mi cabaña y tomé mi Biblia, y mientras la subrayaba, esa Palabra cobraba vida ante mis ojos, y así lo ha hecho desde que me convertí. Cuando Juan el bautista dijo: "Yo los bautizo con agua, pero [Cristo] los bautizará con el Espíritu Santo y con fuego", se refería a la superioridad del bautismo de Jesús. El agua solo puede lavar el exterior, pero el Espíritu y el fuego regeneran y limpian el interior. Esta es la maravillosa realidad y el increíble gozo de ser bautizado con el Espíritu y el fuego. El Espíritu Santo está renovando todas las cosas y constantemente nos está conformando a la imagen de Cristo.

👋 Oración

Cordero de Dios, nuestro bautismo es una señal de que somos salvos no por nuestra propia justicia, sino porque se nos ha dado la justicia de Cristo. Permite que el bautismo

Espíritu, Restauración, Crecer en la gracia

no sea el objeto de nuestra confianza, sino que busquemos el lavamiento de la obra de Jesús, hermosamente representada en el bautismo. Amén.

Pregunta 46

¿Qué es la Cena del Señor?

Cristo ordenó a todos los cristianos comer pan y beber de la copa en memoria de Él y de Su muerte. La Cena del Señor es una celebración de la presencia de Dios en medio nuestro; nos reúne en comunión con Dios y unos con otros; alimentando y nutriendo nuestras almas. También anticipa el día en que comeremos y beberemos con Cristo en el Reino de Su Padre.

1 CORINTIOS 11:23-26

Yo recibí del Señor lo mismo que les transmití a ustedes: Que el Señor Jesús, la noche en que fue traicionado, tomó pan, y, después de dar gracias, lo partió y dijo: "Este pan es Mi cuerpo, que por ustedes entrego; hagan esto en memoria de Mí". De la misma manera, después de cenar, tomó la copa y dijo: "Esta copa es el nuevo pacto en Mi sangre; hagan esto, cada vez que beban de ella, en memoria de Mí". Porque cada vez que comen este pan y beben de esta copa, proclaman la muerte del Señor hasta que Él venga.

💬 Comentario

RICHARD BAXTER

¡Qué indecibles son los misterios y tesoros de misericordia que se nos presentan en este sacramento! Aquí tenemos comunión con un Dios reconciliado y somos traídos a Su presencia por el gran Reconciliador. Aquí tenemos comunión con nuestro bendito Redentor, crucificado y glorificado, y ofrecido a nosotros como nuestra Cabeza, la cual nos preserva y fortalece. Aquí tenemos comunión con el Espíritu Santo, quien aplica a nuestras almas los beneficios de la redención, nos acerca al Hijo y nos da luz, vida y fortaleza; en otras palabras, Él incrementa y activa Su gracia en nosotros. Aquí tenemos comunión con el cuerpo de Cristo, Su pueblo santificado, los herederos de la vida. Cuando el ministro de Cristo, sobre la base de Su comisión, representa al Cristo crucificado delante de nosotros, por medio del pan y el vino designados para este propósito, vemos a Cristo crucificado como si estuviera frente a nosotros y nuestra fe se aferra a Él percibiendo la verdad del remedio; y edificamos nuestras almas en esta roca. Cuando el mismo ministro, por comisión de Cristo, nos ofrece Su cuerpo, Su sangre y Sus beneficios, es tan firme y válido como si la misma boca de Cristo los ofreciera. Y cuando nuestras almas los reciben, mediante la fe que el Espíritu Santo ejerce en nosotros, la participación es tan cierta como que nuestros cuerpos reciben el pan y el vino que lo representan.[58]

LIGON DUNCAN

La Cena del Señor es una señal y un sello del pacto. Eso significa que representa y confirma la preciosa promesa de que Dios, a través de Jesucristo, será nuestro Dios y nosotros seremos Su pueblo. En la Cena del Señor recordamos y celebramos la presencia de Dios, y experimentamos comunión. También tenemos algo que nos nutre y, en la Cena del Señor, anticipamos la gloria venidera.

Primero, la Cena del Señor es un recordatorio. En la Cena del Señor, Jesús le dijo a Sus discípulos que proclamarían Su muerte hasta que Él regresara. El pan y el vino, el cuerpo y la sangre de Cristo en la Cena del Señor, son una representación del sacrificio del pacto. Ambas partes indican que la muerte de Jesús fue un acto deliberado de Su parte. Él se entregó a Sí mismo como un sacrificio en nuestro lugar para el perdón de nuestros pecados. Así que cada vez que celebremos la Cena del Señor debemos recordar el significado y la importancia de la muerte de Jesucristo a favor nuestro. Debemos recordarlo a Él. "Hagan esto en memoria de Mí" (Lc 22:19). Celebramos la gloriosa obra de expiación que Jesucristo completó por nosotros.

En segundo lugar, la Cena del Señor también es una celebración de la presencia de Dios. ¿No es maravilloso que seamos invitados a la mesa de Dios? Esto es especialmente maravilloso a la luz de nuestra rebelión. En Génesis 3, Satanás le dijo a Eva y a Adán: "Tomen y coman del fruto". Ellos comieron del fruto en contra de la orden de Dios. ¿Cuál fue el resultado? ¿Resultó en su satisfacción y plenitud? No. Resultó en su expulsión de la presencia de Dios. Pero en la mesa del Señor, el Señor mismo nos invita a regresar a Su presencia. Cuando Jesús dijo a Sus discípulos: "Tomen y coman", revirtió las palabras de la serpiente en el jardín. Derek Kidner escribió esta hermosa línea: "Dios probaría la pobreza y la muerte antes de que 'tomen y coman' se convirtieran en verbos de salvación".⁵⁹ Experimentamos esto cada vez que venimos a la mesa del Señor, cada vez que escuchamos al ministro decir: "Tomen y coman". Es una celebración de nuestra reunión con Dios, de Su presencia con nosotros y de la comunión íntima que disfrutamos con Él.

En tercer lugar, la Cena del Señor es comunión. Es comunión con Dios y con Su pueblo. No solo tenemos comunión con el Dios vivo por gracia, por lo que Jesús hizo por nosotros en la cruz, sino que tenemos comunión unos con otros. Cuando estamos unidos al Señor Jesucristo, estamos unidos a todos los que están unidos al Señor Jesucristo. Por eso Pablo dijo a los corintios que tenían que discernir el cuerpo (1Co 11:29). No les está diciendo que necesitan comprender algo místico sobre los elementos de la Cena del Señor. ¿Cuál es el cuerpo al que hace referencia? El cuerpo de Cristo, la iglesia, la comunión con los creyentes.

Finalmente, la Cena del Señor nos nutre espiritualmente. Es un medio de gracia. Es uno de los métodos que Dios ha designado para edificarnos, nutrirnos, confirmar nuestra fe y fortalecernos para crecer. Y la Cena del Señor es un anticipo de la gloria venidera. Jesús lavó los pies de Sus discípulos la noche en que fue traicionado y les sirvió los elementos de la Cena del Señor. Interesantemente, cuando Jesús habla del banquete de las bodas del Cordero (Lc 12:37), en la gloria, cuando llegue el gran final y todos reconozcan que Él es el Rey, Él dice que en ese día nos pedirá a todos que nos reclinemos, tal como lo hicieron los discípulos la noche de la Cena del Señor, y nos servirá.

Sí, en la Cena del Señor anticipamos el banquete de las bodas del Cordero, en el que todos estaremos sentados juntos en gloria, y nuestro Salvador nos servirá nuevamente todo lo que necesitemos. Qué gran gozo es venir a la mesa del Señor.

 Oración

Pan de vida, participamos de la Cena del Señor en obediencia reverente. No queremos recibirla indignamente, así que venimos en arrepentimiento y fe. Ayúdanos a perdonar los pecados de aquellos que nos han ofendido, especialmente de los creyentes con quienes compartimos el pan y la copa. Permite que nuestra participación en esta cena proclame Tu muerte salvadora y nuestra urgente necesidad de ella. Amén.

Pregunta 47

¿La Cena del Señor añade algo a la obra expiatoria de Cristo?

No, Cristo murió una vez y para siempre. La Cena del Señor es una comida del pacto que celebra la obra expiatoria de Cristo, es un medio para fortalecer nuestra fe mientras lo contemplamos, y es un anticipo del banquete futuro. Pero aquellos que participan con corazones no arrepentidos, comen y beben juicio para sí mismos.

1 PEDRO 3:18

Porque Cristo murió por los pecados una vez por todas, el justo por los injustos, a fin de llevarlos a ustedes a Dios.

Comentario

J. C. RYLE

Tengamos en claro en nuestras mentes que la Cena del Señor no fue dada para ser un medio de justificación o de conversión. Nunca tuvo la intención de otorgar gracia donde no había gracia, o de proveer perdón donde aún no se disfrutaba del perdón. No puede proveer lo que hace falta por la ausencia de arrepentimiento hacia Dios y de fe hacia el Señor Jesucristo. Es una ordenanza para los penitentes, no para los impenitentes —para los creyentes, no para los incrédulos— para el convertido, no para el impío. Para el hombre incrédulo que piensa puede encontrar un atajo hacia el cielo al tomar el sacramento, sin pasar por los pasos del arrepentimiento y la fe, llegará un día en que se dará cuenta de que esto era un engaño. La Cena del Señor tiene la intención de incrementar y ayudar a la gracia del hombre que ya la tiene, no de impartir gracia al que no la tiene. Nunca tuvo el propósito de reconciliarnos con Dios, de justificarnos, ni de convertirnos.

La declaración más simple de los beneficios que los verdaderos creyentes pueden esperar recibir de la Cena del Señor... es el fortalecimiento y el descanso de nuestras almas. Una visión más clara de Cristo y Su expiación, una visión más clara de los oficios que Cristo ejerce como nuestro Mediador y Abogado, una mejor visión de nuestra completa y perfecta aceptación en Cristo ante Dios, nuevas razones para un arrepentimiento profundo de nuestros pecados, nuevas razones para tener una fe viva y para vivir una vida santa, consagrada y cristocéntrica—estos están entre los mayores beneficios que el creyente puede esperar recibir al participar de la Cena del Señor. Aquel que come del pan y bebe del vino con el espíritu correcto se encontrará a sí mismo siendo sumergido en una comunión más cercana con Cristo, y sentirá que lo conoce más, y lo comprenderá mejor...

Al comer del pan y beber de la copa, el arrepentimiento del hombre será más profundo, su fe aumentará, su conocimiento crecerá, sus hábitos de santidad se fortalecerán. Se percatará más de la "presencia real" de Cristo en su corazón. Al comer ese pan por fe, sentirá una comunión más cercana con el cuerpo de Cristo. Al tomar ese vino por fe, sentirá una comunión más cercana con la sangre de Cristo. Verá más claramente lo que Cristo es para él y lo que él es para Cristo. Comprenderá más profundamente lo que es ser "uno con Cristo y Cristo uno con él". Sentirá cómo las raíces de su vida espiritual son nutridas, y cómo la obra de gracia que ya había empezado en su corazón es establecida, edificada y llevada hacia adelante. Todas estas cosas pueden parecer y sonar como necedades para el hombre natural, pero para un verdadero cristiano estas cosas son luz, salud, vida y paz.[1]

LEO SCHUSTER

Recientemente vi un anuncio de un restaurante que simplemente contenía el nombre del restaurante y las palabras *comida espiritual*. Me hizo preguntarme si comer, en la mejor forma posible, es más que una simple experiencia material. Y me hizo pensar sobre la Cena del Señor, la verdadera comida espiritual, y en lo que esta hace y no hace. La Cena del Señor nos ayuda a meditar en el pasado, en el presente y en el futuro.

Cuando Jesús instituyó la Cena del Señor, dijo a Sus discípulos que la practicaran en memoria de Él (Lc 22:19), resaltando que lo que les estaba ordenando practicar les recordaría lo que haría por ellos. Cuando recordamos lo que Jesús hizo por nosotros, afirmamos nuestras vidas en Su obra consumada. La Cena del Señor no es una manera de obtener la salvación; es una comida espiritual para aquellos que son salvos. No añade nada a la obra consumada del sacrificio de Cristo, sino que nos confirma y fortalece en Él.

Se convierte en una clase de evangelio resumido en donde, como dijo un antiguo escritor: primero escuchamos el evangelio, después probamos el evangelio, y entonces el evangelio empieza a transformar nuestras vidas. Como dice Pablo en 1 Corintios: "Porque cada vez que comen este pan y beben de esta copa, proclaman la muerte del Señor hasta que Él venga" (11:26). Como cristianos, comemos y bebemos para recordar el triunfo que Jesús ya obtuvo en el pasado.

Pablo señala los efectos presentes de la Cena del Señor cuando escribe en 1 Corintios: "Esa copa de bendición por la cual damos gracias, ¿no significa que entramos en comunión con la sangre de Cristo? Ese pan que partimos, ¿no significa que entramos en comunión con el cuerpo de Cristo?" (10:16). De aquí viene el término *comunión*. Piensa en lo que esto significa —la Cena del Señor no es solo un recordatorio simbólico de lo que Jesús ha hecho por nosotros; también es una comunión presente unos con otros y con Jesús.

Es importante notar que el pan y el vino no cambian de ninguna forma. Jesús no está presente físicamente, pero está presente espiritualmente en la medida en que el Espíritu Santo nos lo muestre mediante la fe. Ahora, para aquellos que están indecisos espiritualmente, la Cena del Señor es un llamado a recibir a Cristo más que a participar de la comida. Al ver a los cristianos participar de la misma, son animados a escuchar el eco del llamado amoroso de Jesús: "Yo soy el pan de vida. El que a Mí viene nunca pasará hambre, y el que en Mí cree nunca más volverá a tener sed" (Jn 6:35). Y cuando los creyentes tenemos comunión por fe en el presente, Jesús está en medio nuestro uniéndonos como comunidad, nutriéndonos de Sí mismo y fortaleciéndonos para que lo amemos y obedezcamos.

Pregunta 47

Cuando Jesús dio a Sus discípulos la copa, dijo: "Les digo que no beberé de este fruto de la vid desde ahora en adelante, hasta el día en que beba con ustedes el vino nuevo en el Reino de Mi Padre" (Mt 26:29). Con estas palabras los llevó a pensar en ese aspecto futuro de la Cena del Señor, como una señal del gran día que anhelamos. Es un anticipo del banquete de las bodas del Cordero y de la celebración eterna que los creyentes gozarán con Cristo en la gloria. Ahora somos criaturas defectuosas debido al pecado. Es a través del cuerpo quebrantado de Cristo que volvemos a experimentar plenitud. Sin embargo, en esta vida seguiremos experimentando quebrantamiento debido a nuestra condición caída. La Cena del Señor nos lleva a tener esperanza en ese día futuro en que tendremos total plenitud, y en el que disfrutaremos, con nuestro Salvador y unos con otros, de la mejor comida.

Oración

Conquistador de la muerte, celebramos Tu obra consumada cuando participamos de la Cena del Señor. Permite que el hacerlo sea una confesión de nuestra fe, de que aunque no somos dignos, hemos sido unidos por la dignidad de Cristo. Permite que vengamos a Tu mesa con corazones arrepentidos, dejando a un lado nuestro orgullo y autosuficiencia, disfrutando de la gracia gratuita que nos ofreces. Amén.

Pregunta 48

¿Qué es la iglesia?

Dios escoge y preserva para Sí mismo una comunidad elegida para vida eterna y unida mediante la fe, que ama, sigue y alaba a Dios en conjunto. Dios envía a esta comunidad a proclamar el evangelio y a modelar el Reino de Cristo mediante la calidad de sus vidas y de su amor mutuo.

2 TESALONICENSES 2:13

Nosotros, en cambio, siempre debemos dar gracias a Dios por ustedes, hermanos amados por el Señor, porque desde el principio Dios los escogió para ser salvos, mediante la obra santificadora del Espíritu y la fe que tienen en la verdad.

Comentario

CHARLES HADDON SPURGEON

Mis hermanos, permítanme decir, sean como Cristo en todo tiempo. La mayoría de nosotros vivimos en una especie de publicidad; muchos de nosotros somos llamados a trabajar diariamente ante nuestros compañeros. Somos observados;

nuestras palabras son estudiadas; nuestras vidas examinadas, desmenuzadas. El mundo observa absolutamente todo lo que hacemos y nos critica sin misericordia. Vivamos la vida de Cristo en público. Tomemos conciencia de que exhibimos a nuestro Maestro y no a nosotros mismos —para que podamos decir: "Ya no vivo yo, mas vive Cristo en mí". Date cuenta de que también llevas esto a la iglesia... sé como Cristo en la iglesia. ¿Cuántos de ustedes... buscan la preeminencia? ¿Cuántos de ustedes están intentando obtener algo de dignidad y poder sobre sus compañeros cristianos, en lugar de recordar que la regla fundamental de todas las iglesias es que todos los hombres son iguales —como hermanos— y que deben ser recibidos como tales? Lleva contigo al espíritu de Cristo a tu iglesia, y a donde quiera que vayas; que tus hermanos puedan decir: "Él ha estado con Jesús".[61]

La iglesia es la familia de Dios. En el Nuevo Testamento es llamada la comunidad del nuevo pacto. Es el cuerpo del cual Cristo es la Cabeza. Es la esposa de Cristo. Somos llamados nación santa, real sacerdocio. La iglesia está compuesta por aquellos que han sido hechos hijos de Dios, adoptados por Dios mediante Jesucristo. Y la iglesia consiste de todas las culturas, todos los grupos étnicos, personas de todas las épocas —todos aquellos que han venido a conocer a Jesucristo como Señor.

En mi tradición, la tradición anglicana, tenemos una declaración de fe llamada *Los treinta y tres artículos*. Estos describen a la iglesia de la siguiente manera:

> La iglesia visible de Cristo es una congregación de hombres fieles, en la cual se predica la Palabra pura de Dios y

en la que los sacramentos deben ser debidamente administrados según las ordenanzas de Cristo...

La iglesia no tiene autoridad excepto en sumisión a Cristo y, sin embargo, no es legítimo que la iglesia ordene cualquier cosa contraria a la Palabra escrita de Dios, ni que expanda una parte de la Escritura que pueda resultar repugnante a otra.[62]

JOHN YATES

Los antiguos credos describen a la iglesia como "una santa, católica y apostólica". Es una porque la iglesia es un cuerpo bajo una cabeza. Es santa porque el Espíritu Santo mora en ella y la consagra, dirigiendo a los miembros de la iglesia en la obra de Dios. Es *católica*, que significa mundial, proclamando toda la fe apostólica a todas las personas hasta el fin de los tiempos. Y es *apostólica*, que significa que continuamos con la enseñanza y la comunión de los apóstoles, siendo enviados en la misión de Cristo a todas las personas.

No elegimos quien pertenecerá a la iglesia, así como no decidimos quiénes serán nuestros hermanos, hermanas o primos. Dios los elige. Cualquiera que sea la denominación o grupo al que pertenezcan, todos los hijos de Dios son parte de la iglesia y son nuestros hermanos.

La iglesia se resume hermosamente en este antiguo himno de Samuel J. Stone:

El único fundamento de la iglesia
Es Jesús su Señor;
Ella es Su nueva creación
Por agua y por la palabra.

Él descendió del cielo para buscarla
Y hacerla Su santa esposa;
Con Su propia sangre la compró,
Y por su vida Él murió.

Elegida de entre todas las naciones,
Sin embargo solo hay una sobre la tierra;
Su credo de salvación:
Un Señor, una fe, un nacimiento;
Un santo nombre ella bendice,
Participa de una santa comida,
Y a una esperanza se aferra,
Habiendo recibido toda gracia.[63]

👐 Oración

Rey sobre todo, Tú nos has unido como una familia en Dios. Guárdanos para adorar juntos, para amarnos unos a otros y para suplir las necesidades de los demás. Permite que nuestra comunión sea genuina y ayúdanos a alentarnos unos a otros en la fe. Amén.

Pregunta 49

¿Dónde está Cristo ahora?

Cristo resucitó corporalmente al tercer día de Su muerte y está sentado a la diestra del Padre, gobernando Su Reino e intercediendo por nosotros, hasta que regrese a juzgar y renovar a toda la tierra.

📖 EFESIOS 1:20-21

... que Dios ejerció en Cristo cuando lo resucitó de entre los muertos y lo sentó a Su derecha en las regiones celestiales, muy por encima de todo gobierno y autoridad, poder y dominio, y de cualquier otro nombre que se invoque, no solo en este mundo, sino también en el venidero.

💬 Comentario

CHARLES WESLEY

> El Señor resucitó, ¡aleluya!
> Muerte y tumba ya venció, ¡aleluya!
> Su poder y Su virtud, ¡aleluya!
> Cautivó la esclavitud, ¡aleluya!

El que al polvo se humilló, ¡aleluya!
Vencedor se levantó, ¡aleluya!
Y cantamos en verdad, ¡aleluya!
Su gloriosa majestad, ¡aleluya!

El que a muerte se entregó, ¡aleluya!
El que así nos redimió, ¡aleluya!
Hoy en gloria celestial, ¡aleluya!
Reina en vida triunfal, ¡aleluya!

Cristo nuestro salvador, ¡aleluya!
De la muerte vencedor, ¡aleluya!
Pronto vamos sin cesar, ¡aleluya!
Tus loores a cantar, ¡aleluya![64]

DAVID BISGROVE

Sin duda has escuchado el dicho: "Ojos que no ven, corazón que no siente". Esas personas que no están a tu alrededor, a quien no has visto en mucho tiempo, no tienen mucha relevancia o impacto en tu vida diaria. La Biblia nos dice que después de la resurrección de Jesús, Él ascendió al cielo, desapareciendo de la vista de todos. Pero también se nos dice que debido al lugar en el cual está en este momento, podemos estar seguros de que es relevante en nuestra vida diaria.

Así que ¿dónde está Jesús ahora? Está sentado a la diestra de Dios el Padre. ¿Pero qué diferencia hace eso en nuestra vida diaria? Primero, nos recuerda que Jesús gobierna sobre toda la creación. El Salmo 110 presenta una hermosa imagen de los enemigos de Dios puestos por estrado de los pies de Jesús mientras Él se sienta a la diestra del Padre. ¿Puedes

Pregunta 49

ver el consuelo que eso trae a tu vida diaria? Cuando luchas con el desánimo, la desilusión o la amargura sobre la manera en que tu vida progresa, o cuando te desanimas o enojas por toda la injusticia y el mal en el mundo, y como David en el Salmo 37 eres tentado a preguntarte por qué los impíos parecen florecer, considera dónde está Jesús ahora. Está a la diestra de Dios el Padre. Contémplalo ahí. Los enemigos son el estrado de Sus pies. Aquel que conquistó la muerte ahora está gobernando el mundo. Efesios 1 dice que a Jesús se le dio toda autoridad, y que un día regresará y enderezará todo lo que se ha torcido. Así que permite que el lugar en el que Jesús se encuentra ahora te dé esperanza y valor para confiar en Él y seguirle.

Pero hay más. Jesús no solo es el Rey que gobierna, sino que también es el Sacerdote que intercede. Hebreos 10 nos dice que Jesús es el mejor Sumo Sacerdote, quien en la cruz se ofreció a Sí mismo como sacrificio por el pecado. Ahora está intercediendo y orando por nosotros a la diestra del Padre. Él es nuestro abogado en todo el sentido de la palabra. Así que contemplar a Jesús a la diestra de Dios como nuestro Sumo Sacerdote es recordar que no hay condenación para nuestro pecado, que Jesús se sacrificó a Sí mismo para que pudiéramos estar unidos a Él. Por tanto, como hijos de Dios, tenemos todos los derechos.

Así que, sí, Jesús está fuera de nuestra vista. No podemos verle físicamente. Pero está activo en nuestra vida diaria y en este mundo, a la diestra de Dios el Padre gobernando como nuestro Rey, intercediendo como nuestro Sacerdote y esperando regresar. Cuando regrese, enjugará toda lágrima, convertirá las espadas en arados, y llenará el mundo de Su gloria y de Su gracia.

👐 Oración

Señor resucitado y ascendido, aunque ya no caminas en la tierra, Tú gobiernas sobre nosotros desde Tu trono. Toda autoridad y todo poder se encuentran en Ti. Tu nombre es sobre todo nombre. Levántanos en el último día para vivir contigo en Tu Reino. Amén.

Pregunta 50

¿Qué significa la resurrección de Cristo para nosotros?

Al resucitar físicamente, Cristo triunfó sobre el pecado y sobre la muerte para que todos los que confíen en Él reciban nueva vida en este mundo y vida eterna en el mundo venidero. Así como un día resucitaremos, así también un día este mundo será restaurado. Pero aquellos que no confíen en Cristo recibirán la muerte eterna.

1 TESALONICENSES 4:13-14

Hermanos, no queremos que ignoren lo que va a pasar con los que ya han muerto, para que no se entristezcan como esos otros que no tienen esperanza. ¿Acaso no creemos que Jesús murió y resucitó? Así también Dios resucitará con Jesús a los que han muerto en unión con Él.

💬 Comentario

DAVID MARTYN LLOYD-JONES

Toda la creación ha sido liberada de la esclavitud a la corrupción y disfrutará "la gloriosa libertad de los hijos de Dios" (Ro 8:21). Todo será glorificado, incluso la naturaleza misma. Y me parece que esa es la enseñanza bíblica del estado eterno: que lo que llamamos cielo es la vida en ese mundo perfecto, viviendo como Dios diseñó a la humanidad para vivir. Cuando en el principio Dios puso a Adán en el paraíso, Adán cayó y todo cayó con él, pero los hombres y las mujeres han sido diseñados para vivir en un cuerpo, y vivirán en un cuerpo glorificado en un mundo glorificado, y Dios estará con ellos.[65]

D. A. CARSON

La resurrección de Jesucristo lleva consigo muchas, muchas implicaciones maravillosas. La primera es que vindica a Jesús. En otras palabras, algunas personas pensaron que, si Jesús murió en la cruz, fue porque lo merecía. Fue declarado culpable por la corte romana. Y el Antiguo Testamento insiste en que cualquiera que sea colgado de un madero está bajo la maldición de Dios. Pero resulta que Él no murió como un hombre condenado por Su propio pecado. En lugar de ello, Él cargó con el pecado de otros, y ese sacrificio agradó tanto a Dios que Él lo resucitó de los muertos. Por tanto, Su resurrección es una manera de vindicarlo. Es evidencia clara de que cuando Jesús dijo: "Consumado es", Dios estuvo de acuerdo. Su Padre estuvo de acuerdo. La obra de la redención había sido consumada y el Padre vindicó a Jesús mediante Su resurrección.

Pregunta 50

La resurrección también demuestra que el evangelio también tiene que ver con nuestros cuerpos como seres humanos. En otras palabras, algunas personas piensan que nuestro estado final será un espíritu etéreo sin ninguna conexión a un cuerpo. Pero parte de nuestra creencia elemental como cristianos es que en el cielo nuevo y la tierra nueva, el destino final, el hogar de la justicia, no habrá solo existencia celestial. También habrá existencia terrenal. Será un cielo nuevo y *una tierra nueva*, y tendremos cuerpos resucitados como el de Cristo. Ese es uno de los grandes argumentos de 1 Corintios 15. Pablo argumenta que si Cristo resucitó de los muertos en un cuerpo resucitado —que, por más extraño y sorprendente que nos parezca, podía ser visto y tocado, y hasta comía alimentos humanos— entonces cuando seamos resucitados en el día final, tendremos cuerpos resucitados iguales al Suyo. Ese es nuestro destino. Así que Su resurrección es la primicia de lo que es conocido como la resurrección general al final de los tiempos. Todos los hombres resucitarán, ya sea para vida o para condenación, porque somos personas esencialmente corporales.

Y con esto también viene una visión de la vida y de la existencia que va más allá de esta vida. No debemos pensar que el cristianismo simplemente resuelve algunos problemas de nuestra vida presente. En cambio, la meta final va más allá de esta vida. Cuando envejecemos y se nos cae más cabello, la artritis comienza a afectarnos o sufrimos de demencia, de repente la resurrección comienza a parecernos una muy buena idea porque nuestra esperanza no es sobrevivir los setenta, ochenta o incluso los noventa años. Nuestra esperanza es finalmente tener un cuerpo resucitado como el de Cristo. Y Él es la primicia; nuestro cuerpo ha sido asegurado por Él, y pronto le seguiremos para unirnos a Él en una existencia resucitada: una resurrección corporal en el nuevo cielo y la nueva tierra, el hogar de la justicia. Es por eso que 1 Tesalonicenses 4, el gran capítulo de la resurrección, termina con estas palabras: "Por lo tanto, anímense unos a otros con estas palabras"

👐 Oración

Dios resucitado, danos la mentalidad de que la muerte no es el final para nosotros. Sálvanos del juicio que merecemos y haznos fieles en implorar a los demás a que huyan de la ira venidera. Contemplamos con esperanza el gozo que será nuestro cuando, salvados de la ira a través de los méritos de Cristo, seamos revestidos con cuerpos resucitados para reinar en una tierra renovada. Amén.

Pregunta 51

¿Qué ventaja nos da la ascensión de Cristo?

Cristo ascendió físicamente por nosotros, así como vino a la tierra físicamente por nosotros, y ahora está abogando por nosotros en la presencia de Su Padre, preparando un lugar para nosotros, y también nos envía a Su Espíritu.

📖 ROMANOS 8:34

¿Quién condenará? Cristo Jesús es el que murió, e incluso resucitó, y está a la derecha de Dios e intercede por nosotros.

💬 Comentario

CHARLES WESLEY

> ¡Levántate, alma mía, levántate!
> Sacúdete esos temores llenos de culpa;
> Contempla el sacrificio de sangre hecho a mi favor.
> Mi seguridad está firme ante el trono;
> Mi nombre está escrito en Sus manos.

Él vive en el cielo intercediendo eternamente por mí,
Su amor que todo redime, preciosa sangre derramó.
Su sangre expió toda nuestra raza,
y rocía ahora el trono de la gracia.

Lleva cinco heridas sangrantes, recibidas en el Calvario;
Derraman oraciones eficaces, ruegan mucho por mí:
"¡Perdónalo, oh, perdónalo!", claman,
"No dejes que muera ese pecador rescatado".

Mi Dios ha reconciliado: escucho Su voz de perdón.
A Él le pertenezco, Su hijo soy; ya no temeré.
Ahora me acerco con confianza,
Y clamo: "¡Padre, Abba Padre!".[66]

BRAYAN CHAPELL

La ascensión es la coronación de Cristo como Rey sobre todas las cosas. Cuando ascendió, mostró que Él conquistó la muerte y que continuaba asumiendo Su lugar de autoridad sobre todo el mundo. Aquel que creó el mundo es Aquel que continúa gobernándolo con Su poderosa palabra.

Ahora, cuando decimos que Cristo gobierna, nos referimos a que en Su ascensión asumió el oficio de Rey que tenía antes de venir a la tierra. Mientras estuvo en la tierra, seguía sosteniendo todas las cosas y cumpliendo todos Sus propósitos, incluyendo Su muerte y resurrección. Pero ahora como Señor ascendido, Él es Señor sobre todo. Es Aquel que controla todas las cosas para que obren para el bien de los que le aman.

Pero Él no es simplemente Rey. Él, en Su ascensión, está intercediendo por nosotros a la diestra del Padre. Él también continúa ejerciendo el oficio de sacerdote, proveyendo lo necesario, como abogacía e intercesión, ante el Padre. A medida que nos arrepentimos de nuestros pecados y le oramos a Dios, nuestros pecados son tomados por el Hijo de Dios, quien actúa como sacerdote a favor nuestro, como Aquel que ahora intercede por nosotros, para que Dios escuche y actúe a favor nuestro.

Jesús no solo está actuando como nuestro Rey y Sacerdote, Él continúa enviando Su Palabra a nuestros corazones mediante la obra de Su Espíritu. Recuerda que el rol del Espíritu Santo es testificar de Cristo. La razón por la que podemos comprender la Palabra de Dios—no solo su lógica, sino su significado—es que el Espíritu Santo que fue enviado por Cristo mismo está abriendo nuestros corazones para escucharla. Esto significa que a medida que la Palabra viene de Cristo y la recibimos por medio de Su Espíritu, Jesús continúa operando como un profeta a favor nuestro, dándonos la Palabra de Dios para que podamos caminar con Él, comprenderlo y entender Su gracia.

Todo esto significa que Cristo en Su ascensión está obrando para nuestro bien en el presente. Él está en control de nuestras circunstancias presentes. Él está abogando por nosotros en nuestras circunstancias actuales. Pero ese no es el final de Su obra.

Como Profeta, Sacerdote y Rey, también está preparando nuestro futuro. Todas las cosas están obrando para llegar a un final divino, una culminación, una consumación de la gloria de Dios por medio de Aquel que gobierna todas las cosas para los propósitos que Él ha diseñado. Él, como Rey, está preparando un lugar para nosotros donde disfrutaremos la gran bendición de Dios. Cuando estemos ante el trono del juicio, como Sacerdote Él se asegurará de que seamos declarados justos delante de Dios mediante la obra purificadora de Su sangre. La naturaleza sacerdotal de Jesús volverá al primer plano cuando nos inclinemos ante el Cordero de Dios, quien mediante Su sangre compró a hombres y mujeres para Dios, de toda tribu, lengua, pueblo y nación. Cristo también ejerce ese rol sacerdotal al preparar un futuro para nosotros. Y, por medio de Su Espíritu, Él asegurará a todos los que son Suyos. Para que Dios, por Su Espíritu, cumpla Su voluntad no solo en el mundo presente sino también en la eternidad. Por el poder del Espíritu, Él está asegurando todos los propósitos de Dios.

Ese Señor ascendido es Aquel que, al ser Profeta, Sacerdote y Rey, está gobernando sobre nuestro presente y preparando nuestro futuro.

 Oración

Salvador intercesor, no has dejado de mostrar compasión por Tu pueblo. Fuiste tentado en todas las maneras posibles y ahora intercedes por nosotros cuando somos tentados. Ruega por nosotros a Tu Padre, pues Tú eres nuestro Abogado ante el juez de toda la tierra. Amén.

Pregunta 52

¿Qué esperanza tenemos en la vida eterna?

Nos recuerda que este mundo caído no es todo lo que hay; pronto viviremos con Dios y lo disfrutaremos por siempre en la nueva ciudad, en el nuevo cielo y la nueva tierra, donde seremos completamente libres de todo pecado, y habitaremos cuerpos resucitados y renovados en una creación renovada y restaurada.

APOCALIPSIS 21:1-4

Después vi un cielo nuevo y una tierra nueva, porque el primer cielo y la primera tierra habían dejado de existir, lo mismo que el mar. Vi además la ciudad santa, la nueva Jerusalén, que bajaba del cielo, procedente de Dios, preparada como una novia hermosamente vestida para su Prometido. Oí una potente voz que provenía del trono y decía: "¡Aquí, entre los seres humanos, está la morada de Dios! Él acampará en medio de ellos, y ellos serán Su pueblo; Dios mismo estará con ellos y será su Dios. Él les enjugará toda lágrima de los ojos. Ya no habrá muerte, ni llanto, ni lamento ni dolor, porque las primeras cosas han dejado de existir".

Comentario

J.C. RYLE

Entendamos claramente, por un lado, que la *felicidad futura* de aquellos que son salvos es eterna. Sin importar qué tan poco podamos comprenderlo, es algo que no tendrá fin: nunca cesará, nunca envejecerá, nunca se marchitará, nunca morirá. A la diestra de Dios hay "dicha eterna" (Sal 16:11). Una vez que lleguen al paraíso, los santos de Dios nunca más saldrán. La herencia es "indestructible, incontaminada e inmarchitable". Ellos recibirán "la inmarcesible corona de gloria" (1P 1:4; 5:4). Su lucha habrá concluido; su trabajo habrá terminado. No padecerán más hambre, ni tampoco tendrán más sed. Están viajando hacia un "eterno peso de gloria", hacia un hogar que nunca será quebrantado, un encuentro sin despedida, una reunión familiar sin separación, un día sin noche. La fe será consumida por la vista y la esperanza por la certidumbre. Ellos verán como han sido vistos, conocerán como han sido conocidos y estarán "con el Señor para siempre". No me sorprende que el apóstol Pablo añada: "Anímense unos a otros con estas palabras" (1Ts 4:17-18).[67]

TIMOTHY KELLER

La respuesta del catecismo nos dice dos cosas sobre el glorioso futuro que el evangelio nos asegura que vendrá.

Primero, disfrutaremos de Dios por siempre. Ya que Dios es trino en Sí mismo, Padre, Hijo y Espíritu Santo se han estado glorificando unos a otros, deleitándose, adorándose y amándose unos a otros. Por tanto, Dios tiene gozo infinito en Sí mismo. Y nosotros fuimos creados para compartir ese gozo. Fuimos creados para glorificarle y participar de esa gloria y de ese gozo. Pero ninguno de nosotros, aun el cristiano más firme que pueda existir, ha experimentado ese gozo —perfecto, cósmico, infinito y que crece infinitamente— porque todos adoramos otras cosas. Algún día seremos liberados del pecado, y entonces conoceremos y experimentaremos esa gloria y ese gozo. Disfrutaremos a Dios por siempre.

En segundo lugar, lo disfrutaremos en la nueva ciudad, en la Nueva Jerusalén, en el cielo nuevo y la tierra nueva. Pero no experimentaremos este gozo cósmico en una condición puramente inmaterial, sino que estaremos en una creación material restaurada. Tendremos cuerpos resucitados como el cuerpo de Jesús—cuerpos físicos. Y lo que eso significa es que, tal como declara el cristianismo, el cuerpo y el alma, lo físico y lo espiritual, se unirán en perfecta armonía para siempre. Ninguna otra religión lo ve de esta manera. No flotaremos como espíritus incorpóreos, sino que danzaremos, marcharemos, abrazaremos y seremos abrazados. Comeremos y beberemos en el Reino de Dios. Quiere decir que nuestros anhelos más profundos serán saciados. Todas nuestras penas serán quitadas. ¿Qué puede ser mejor que eso? Y eso es lo que obtendremos. Nada menos que eso.

👐 Oración

Dios eterno, anhelamos el cumplimiento de Tu Reino. Anhelamos que toda lágrima sea enjugada. Clamamos por el día en que ya no lucharemos contra la carne. Permite que la esperanza segura de la vida eterna nos dé el valor para enfrentar las pruebas de esta vida. Amén. ¡Ven, Señor Jesús!

Reconocimientos

Publicar el *Catecismo de la Nueva Ciudad* (CNC) ha sido un proyecto en conjunto que nos ha tomado muchos años. Tim Keller, Sam Shammas y Redeemer Presbyterian Church merecen el crédito por su trabajo adaptando las cincuenta y dos preguntas y respuestas originales del Catecismo de Ginebra de Calvino, de los Catecismos Mayor y Menor de Westminster, y especialmente del Catecismo de Heidelberg. Ben Peays, como director ejecutivo de TGC, encabezó el lanzamiento en línea. Crossway ha sido un fiel compañero en este esfuerzo por reimpulsar la práctica de la catequesis en nuestras iglesias y en nuestros hogares. Sin el excelente trabajo de Betsy Childs Howard no podríamos haber concebido este libro, que esperamos sirva a individuos, familias e iglesias por generaciones. Dedicamos esta obra a las madres, espirituales y biológicas, con el deseo de que sus hijos puedan levantarse y llamarlas bienaventuradas (Pro 31:28) mientras ellos invocan el nombre del Señor para salvación (Ro 10:13).

Collin Hansen, editor general

Comentaristas históricos

Atanasio de Alejandría (296-373) fue un antiguo obispo de la iglesia llamado el "padre de la ortodoxia" porque lideró la lucha contra la herejía arriana. Formó parte del Primer Concilio de Nicea (325) y fue exiliado de su hogar y ministerio en cinco ocasiones distintas debido a controversias políticas y teológicas.

Agustín de Hipona (354-430) fue un filósofo, teólogo y obispo de Hipona en el norte de la África romana. Escribió un relato de su conversión en sus *Confesiones*, su obra más conocida. Pero también fue uno de los autores latinos más prolíficos en términos de obras sobrevivientes, con cientos de títulos (incluyendo obras de apologética, textos de doctrina cristiana y comentarios) y más de 350 sermones preservados.

Richard Baxter (1615-1691), puritano inglés, sirvió como capellán en el ejército de Oliver Cromwell y como pastor en Kidderminster. Cuando Jacobo II fue depuesto, Baxter fue perseguido y encarcelado por 18 meses. Continuó predicando y más adelante escribió: "Prediqué como si no estuviese seguro de poder predicar nuevamente, y como un hombre moribundo que hablaba a otros moribundos". Aparte de sus obras teológicas, también escribió poemas, himnos y su propio catecismo familiar.

Abraham Booth (1731-1806), un ministro bautista inglés, sirvió como pastor de Prescot Street Church en Whitechapel,

Londres, por treinta y cinco años. También fundó lo que ahora es el Regents Park College, en Oxford, para entrenamiento ministerial. Es mejor conocido por su obra *El reino de la gracia*.

John Bradford (1510-1555) fue un reformador protestante inglés que estudió en la Universidad de Cambridge y fue designado capellán real del Rey Eduardo VI. Cuando la católica María Tudor llegó al trono, Bradford fue arrestado junto con los obispos Latimer y Ridley, y con el arzobispo Cranmer. Bradford tuvo una gran reputación como predicador y fue escuchado por grandes multitudes. Es mejor recordado por su declaración: "Ahí, solo por la gracia de Dios, va John Bradford". Sus obras, algunas de las cuales fueron escritas desde la prisión, incluyen cartas, exhortaciones, elogios, meditaciones, sermones y ensayos.

John Bunyan (1628-1688), conocido como el hojalatero de Elstow, tuvo una dramática conversión y llegó a ser un prominente predicador puritano. A medida que aumentaba su popularidad, Bunyan se convirtió en blanco de calumnias y difamaciones, hasta que fue encarcelado. Durante su tiempo en prisión, comenzó su obra más famosa, *El progreso del peregrino*, impreso por primera vez en 1678.

Juan Calvino (1509-1564), teólogo, administrador y pastor, nació en Francia en una familia estrictamente católica. Trabajó gran parte de su vida en Ginebra y fue quien organizó a la iglesia reformada. Escribió *Institución de la religión cristiana*, el *Catecismo de Ginebra* y numerosos comentarios sobre las Escrituras.

Oswald Chambers (1874-1917) fue un ministro escocés, mejor conocido por su clásico devocional *En pos de lo supremo*.

Fundó un colegio bíblico en Londres y sirvió como capellán durante la Primera Guerra Mundial. Después de su muerte, durante su servicio en el Cairo, su viuda compiló y publicó *En pos de lo supremo*, basada en transcripciones de sus sermones.

Juan Crisóstomo (347-407) fue arzobispo de Constantinopla. Nacido en Antioquía, se le otorgó el título de Crisóstomo, que significa "boca dorada", debido a su elocuente predicación. Es reconocido por la iglesia ortodoxa oriental y la iglesia católica como un santo y doctor de la iglesia. Crisóstomo es conocido por *La divina liturgia ortodoxa de San Juan Crisóstomo* y sus vastas homilías, incluyendo sesenta y siete homilías sobre Génesis, noventa sobre el Evangelio de Mateo, y ochenta y ocho sobre el Evangelio de Juan.

Thomas Cranmer (1489-1556) fue un reformador inglés, el cual fue arzobispo de Canterbury cuando la iglesia de Inglaterra, bajo Enrique VIII, se separó del catolicismo romano. En su obra para reformar la liturgia de la iglesia, escribió el *Libro de Oración Común*, que aún sirve como el fundamento de la alabanza anglicana en la actualidad.

Jonathan Edwards (1703-1758) predicador, teólogo y filósofo estadounidense. Se convirtió en pastor de la iglesia en Northampton, Massachusetts, en 1726. Es ampliamente conocido por su sermón "Pecadores en manos de un Dios airado", así como por sus múltiples libros, incluyendo *The End for Which God Created the World* [*El propósito por el que Dios creó el mundo*] y *Los afectos religiosos*. Edwards murió de viruela poco tiempo después de iniciar su presidencia en la Universidad de Nueva Jersey (ahora conocida como Universidad de Princeton).

Comentaristas históricos

George Herbert (1593-1633) fue un sacerdote anglicano nacido en Gales que después de su muerte se convirtió en uno de los poetas más queridos del siglo XVII. Renunció a una carrera prometedora en la oratoria para convertirse en un pastor rural. A través de su ministerio escribió poesía devocional, la cual fue publicada después de su muerte en la colección titulada *El templo*.

David Martyn Lloyd-Jones (1899-1981) fue un médico y ministro protestante de origen galés. Lloyd-Jones es mejor conocido por haber predicado y enseñado durante treinta años en la capilla de Westminster, en Londres. Se tomaba muchos meses, incluso años, para exponer un capítulo de la Biblia versículo a versículo. Es mejor conocido por su libro *Depresión espiritual*, así como por su comentario de Romanos, compuesto por catorce volúmenes.

Martín Lutero (1483-1546) fue un pastor y profesor de teología de origen alemán. Su familia quería que él fuera abogado, pero se decidió por la orden monástica. En octubre 31 de 1517, Lutero clavó noventa y cinco tesis en la puerta de la iglesia de Wittenberg, iniciando la Reforma Protestante. Debido a su negación a retractarse de sus escritos, a pesar de la solicitud del Papa León X y el Emperador Carlos V, fue excomulgado. Lutero escribió muchas obras, incluyendo sus catecismos, y predicó cientos de sermones en iglesias y universidades.

John Owen (1616-1683) fue un teólogo puritano inglés. Asistió a la Universidad de Oxford a la edad de doce años, obtuvo una maestría en artes a los diecinueve años y se convirtió en pastor a los veintiún años. Años después fue designado vicecanciller de la Universidad. Le predicó al parlamento el día después de la ejecución del Rey Carlos I, cumpliendo la tarea sin mencionar directamente dicho evento. Escribió numerosas y voluminosas obras, incluyendo tratados históricos sobre la religión y diversos estudios sobre el Espíritu Santo.

J. C. Ryle (1816-1900) fue el primer obispo anglicano de Liverpool. La asignación de Ryle fue por recomendación del primer ministro Benjamín Disraeli. Aunque era escritor y pastor, Ryle también era un atleta que jugaba cricket para la Universidad de Oxford. Fue responsable de la construcción de más de cuarenta iglesias.

Francis Schaeffer (1912-1984) fue un filósofo y pastor presbiteriano de origen estadounidense, mejor conocido por escribir y establecer L'Abri ("El refugio"), una comunidad en Suiza. Escribió veintidós libros, de los cuales los más conocidos son la trilogía de *The God Who Is There* [*El Dios que está presente*], *Escape from Reason* [*Huyendo de la razón*], *He Is There and He Is Not Silent* [*Él está ahí y no está callado*] y *A Christian Manifesto* [*Un manifiesto cristiano*].

Richard Sibbes (1577-1635), un teólogo puritano inglés, fue conocido como "el celestial doctor Sibbes". Sirvió como predicador en Gray's Inn, Londres, y como maestro en Catherine Hall, Cambridge. Fue el autor de diversas obras devocionales, siendo la más famosa *The Bruised Reed and Smoking Flax* [*La caña cascada y la mecha humeante*].

Charles Simeon (1759-1836) fue rector de Trinity Church, Cambridge, por cuarenta y nueve años. A Simeon se le ofreció el liderazgo de la iglesia mientras se preparaba para graduarse de

Comentaristas históricos

la universidad. Al principio, la congregación mostraba su descontento con su predicación haciendo interrupciones frecuentes y cerrando las pequeñas puertas de los bancos para que nadie pudiera sentarse. Simeon es mejor conocido por *Horae Homilecticae*, una colección de bosquejos de sermones de los sesenta y seis libros de la Biblia compuesta por veintiún volúmenes.

Charles Haddon Spurgeon (1834-1892), un predicador bautista inglés, se convirtió en pastor de New Park Street Church (después conocida como The Metropolitan Tabernacle) en Londres a los veinte años de edad. Con frecuencia predicaba a más de diez mil personas sin ningún tipo de amplificador electrónico. Spurgeon fue un escritor prolífico y sus obras impresas son voluminosas. Predicó casi treinta y seis mil sermones y publicó cuarenta y nueve volúmenes de comentarios, dichos, himnos y devocionales.

Charles Wesley (1707-1788) fue pastor en la iglesia de Inglaterra y escritor de muchos himnos, incluyendo "¡Oh, que tuviera lenguas mil!" y "Se oye un son en alta esfera". Junto con su hermano John Wesley, fue uno de los primeros líderes del movimiento metodista.

John Wesley (1703-1791) fue un predicador y teólogo inglés a quien se le acredita la fundación del movimiento metodista inglés. Viajaba a caballo, predicando dos o tres veces al día, y se dice que predicó más de cuarenta mil sermones. Fue también un reconocido escritor de himnos.

Colaboradores contemporáneos

Thabiti Anyabwile es pastor de Anacostia River Church en Washington, DC. Sirvió como pastor en la First Baptist Church of Grand Cayman por siete años. Es un miembro del consejo de The Gospel Coalition [Coalición por el Evangelio] (TGC). Entre los libros que ha escrito se encuentran *Reviving the Black Church* [*Avivando a la iglesia negra*] y *What Is a Healthy Church Member?* [*¿Qué significa ser un miembro saludable de la iglesia?*].

Alistair Begg es pastor de Parkside Church cerca de Cleveland, Ohio, y miembro del consejo de TGC. Ha escrito diversos libros, el más reciente siendo *Lasting Love: How to Avoid Marital Failure* [*Amor duradero: Cómo evitar el fracaso matrimonial*]. Begg puede ser escuchado cada día en el programa de radio *Truth for Life* [*Verdades para nuestras vidas*].

David Bisgrove es el pastor principal de la Congregación del Westside de Redeemer Presbyterian Church en Manhattan. Antes de convertirse en pastor, trabajó en finanzas y administración relacionadas a la salud.

D. A. Carson es profesor del Nuevo Testamento en Trinity Evangelical Divinity School en Deerfield, Illinois. También es presidente de TGC. Ha escrito numerosos libros, incluyendo *Falacias exegéticas*, *Amordazando a Dios*, *¿Hasta cuándo Señor?* y *El Dios que está presente*.

Bryan Chapell es pastor de Grace Presbyterian Church en Peoria, Illinois. Sirvió como presidente del Covenant Theological Seminary por dieciséis años. Ha escrito numerosos libros, incluyendo *Christ-Centered Preaching* [*Predicación cristocéntrica*]. Es miembro del consejo de TGC.

Mark Dever es pastor de Capitol Hill Baptist Church en Washington, D. C., y presidente de 9Marks, así como miembro del consejo de TGC. Dever es el autor de muchos libros, entre los cuales está *¿Qué es una iglesia sana?* y *Discipular*.

Kevin DeYoung es pastor de University Reformed Church en East Lansing, Michigan, y miembro del consejo de TGC. Entre sus muchos libros están *¿Qué enseña la Biblia realmente acerca de la homosexualidad?* y *Confía en Su Palabra*.

Ligon Duncan es rector y presidente del Reformed Theological Seminary, presidente de la Alliance of Confessing Evangelicals y miembro del consejo de TGC. Ha escrito y contribuido en muchos libros, incluyendo *The Unadjusted Gospel* [*Un evangelio sin adaptaciones*].

Mika Edmondson es el pastor fundador de New City Fellowship en Southeast Grand Rapids. Realizó un doctorado en teología sistemática con una disertación sobre la teología del sufrimiento de Martin Luther King Jr.

Colaboradores contemporáneos

Collin Hansen es el director editorial de TGC y fue editor asociado de Christianity Today. Su libro más reciente es *Blind Spots: Becoming a Courageous, Compassionate, and Commissioned Church* [Puntos ciegos: Convirtiéndonos en una iglesia valiente, compasiva y comprometida].

R. Kent Hughes es profesor de teología práctica en el Westminster Theological Seminary en Filadelfia y es miembro del consejo de TGC. Por veinte años ha servido como pastor de la iglesia College Church en Wheaton, Illinois. Ha escrito más de treinta libros, incluyendo *Disciplinas del hombre piadoso* y *Liberating Ministry from the Success Syndrome* [Liberando al ministerio del síndrome del éxito], y es el editor principal de la serie de comentarios *Preaching the Word* [Predicando la Palabra].

Timothy Keller es pastor de Redeemer Presbyterian Church en Manhattan y vice-presidente de TGC. Ha escrito numerosos libros, incluyendo *¿Es razonable creer en Dios?*, *El significado del matrimonio*, *Encuentros con Jesús* y *Gálatas para ti*.

John Lin es el pastor principal de la congregación del Downtown de Redeemer Presbyterian Church en Manhattan. Previamente sirvió como el pastor del ministerio en inglés en una iglesia coreana-americana.

Vermon Pierre es el pastor principal de predicación y misiones en Roosevelt Community Church en Phoenix, Arizona, y miembro del consejo de TGC. Es el autor de *Gospel-Shaped Living* [Una vida moldeada por el evangelio], parte del currículo de "Gospel-Shaped Church" ["Una iglesia moldeada por el evangelio"].

Colaboradores contemporáneos

John Piper es fundador y maestro de desiringGod.org y rector de Bethlehem College & Seminary en Minneapolis, Minnesota. Sirvió como pastor en Bethlehem Baptist Church por treinta y tres años. Es miembro del consejo de TGC y autor de más de cincuenta libros, incluyendo *Sed de Dios*, *Viviendo en la luz: Dinero, sexo y poder* y *Cinco puntos*.

Juan Sánchez es el pastor principal de High Pointe Baptist Church en Austin, Texas, y miembro del consejo de TGC. Es el autor de *1 Pedro para ti* y el editor de *Gracia sobre gracia*.

Leo Schuster es el pastor principal de City Church Houston. Sirvió previamente en el equipo pastoral de Redeemer Presbyterian Church en Manhattan.

Sam Storms es el pastor principal para predicación y visión en Bridgeway Church en Oklahoma y presidente de la Evangelical Theological Society. Es miembro del consejo de TGC y autor de muchos libros, incluyendo *Packer on the Christian Life* [*Reflexiones de Packer sobre la vida cristiana*].

Stephen Um es ministro en City Life Presbyterian Church en Boston y director asociado de Redeemer City to City. Es miembro del consejo de TGC y autor de *Why Cities Matter* [*Por qué las ciudades importan*], así como de *1 Corinthians* [*1 Corintios*] en la serie *Preaching the Word* de Crossway.

John Yates es rector de The Falls Church Anglican en Virginia del Norte. Es miembro del consejo de TGC y ha estado activo en el movimiento de avivamiento anglicano en los Estados Unidos.

Notas de texto

1. Gary Parrett y J. I. Packer, *Grounded in the Gospel: Building Believers the Old-Fashioned Way* [*Fundamentados en el evangelio: Construyendo creyentes a la antigua*] (Grand Rapids, MI: Baker, 2010), 16.
2. Juan Calvino, *Institución de la religión cristiana*, (Desafío, 2012).
3. Jonathan Edwards, *The Works of Jonathan Edwards* [*Las obras de Jonathan Edwards*], ed. Edward Hickman (London: Ball, Arnold, and Co., 1840), 2:511.
4. Richard Baxter, "The Catechising of Families" ["La catequización de las familias"] en *The Practical Works of the Rev. Richard Baxter* [*Las obras prácticas del Reverendo Richard Baxter*], vol. 19 (London: Paternoster, 1830), 33, 62, 89.
5. J. C. Ryle, *Expository Thoughts on the Gospels: St. Matthew* [*Pensamientos expositivos sobre los Evangelios: San Mateo*] (New York: Robert Carter & Brothers, 1870), 51, 336–37.
6. Juan Calvino, *Hebrews in Calvin's Commentaries* [*Hebreos en los Comentarios de Calvino*], vol. 22 (Grand Rapids, MI: Eerdmans, 1996), 266. También disponible en Christian Classics Ethereal Library, http:// www.ccel.org /ccel/calvin/calcom 44.xvii.ii.html.
7. Richard Sibbes, *Divine Meditations and Holy Contemplations* [*Meditaciones divinas y contemplaciones santas*] (London: J. Buckland, 1775), 13, 114.
8. John Wesley, "Los dos grandes mandamientos" en *Renew My Heart* [*Renueva mi corazón*] (Uhrichsville, Ohio: Barbour, 2011).
9. John Bunyan, "The Doctrine of the Law and Grace Unfolded" ["La doctrina de la ley y la gracia revelada"] en *The Works of that Eminent Servant of Christ, Mr. John Bunyan*, vol. 3 [*Las obras de ese siervo eminente de Cristo, Sr. John Bunyan*, vol. 3] (Edinburgh: Sands, Murray & Cochran, 1769), 245–47.
10. C. H. Spurgeon, "Heart-Knowledge of God" ["Conocimiento (de corazón) de Dios"] en *The Metropolitan Tabernacle Pulpit: Sermons Preached and Revised by C. H. Spurgeon During the Year 1874*, vol.

20 [*El púlpito del Tabernáculo Metropolitano: Sermones predicados y revisados por C. H. Spurgeon durante el año 1874*, vol. 20] (London: Passmore & Alabaster, 1875), 674–75.
11. Agustín, *Confessions* [*Confesiones*], trad. Henry Chadwick (Oxford: Oxford University Press, 1991), 3.
12. Juan Calvino, *Institución de la religión cristiana* (Desafío, 2012).
13. Martyn Lloyd-Jones, *The Cross* [*La Cruz*] (Wheaton: Crossway, 1986), 176–77.
14. Martín Lutero, *Treatise Concerning Good Works* [*Tratado concerniente a las buenas obras*] (1520; repr., Brooklyn, NY: Sheba Blake Publishing, 2015), secciones 10–11.
15. Ver sección 1, "Los Diez Mandamientos" del Catecismo Menor de Martín Lutero, http://bookofconcord.org/smallcatechism. php#tencommandmentsthe/.
16. John Bradford, "Godly Meditations: A Meditation upon the Ten Commandments" [Meditaciones piadosas: Una meditación sobre los Diez Mandamientos] en *The Writings of John Bradford* [*Los escritos de John Bradford*], ed. Aubrey Townsend (Cambridge: University Press, 1868), 170–71, 172.
17. John Owen, "The Nature, Power, Deceit, and Prevalency of the Remainders of Indwelling Sin in Believers" ["La naturaleza, el poder, el engaño y la prevalencia del pecado remanente en los creyentes"] en *The Works of John Owen* [*Las obras de John Owen*], ed. Thomas Russell, vol. 13 (London: Richard Baynes, 1826), 200–201
18. Íbid., 26.
19. Abraham Booth, "Confession of Faith" ["Confesión de fe"] en *Works of Abraham Booth: Late Pastor of the Baptist Church*, vol. 1 [*Obras de Abraham Booth: Pastor de la Iglesia Bautista*, vol. 1] (London: Button, 1813), xxxi– xxxii.
20. *Memoirs of the Life of the Rev. Charles Simeon* [*Memorias de la vida del reverendo Charles Simeon*] (London: Hatchard and Son, 1847), 661–62.
21. Oswald Chambers, registro del 7 de octubre, *En pos de lo supremo: 365 lecturas devocionales* (Editorial Clie, 2009).
22. Martín Lutero, *Luther's Large Catechism* [*Catecismo Mayor de Lutero*], trad. F. Samuel Janzow (St. Louis, MO: Concordia, 1978), 13–17.
23. C. H. Spurgeon, "Hope for the Worst Backsliders" ["Esperanza para los caídos"] sermón 2452 en *The Complete Works of C. H. Spurgeon*, vol. 42 [*Las obras completas de C. H. Spurgeon*, vol. 42] (Morrisville, PA: Delmarva Publications, 2013). También disponible en

Notas de texto

Bible Bulletin Board, http://www.biblebb.com/files/spurgeon/2452.htm.
24. Jonathan Edwards, *A Treatise Concerning Religious Affections* [*Tratado concerniente a los afectos religiosos*] (Philadelphia: James Crissy, 1821), 48–49.
25. Juan Crisóstomo, "Christmas Morning" ["Mañana de Navidad"] en *The Sunday Sermons of the Great Fathers*, vol. 1 [*Los sermones dominicales de los padres de la iglesia*, vol. 1] (Swedesboro, NJ: Preservation Press, 1996), 110–115.
26. San Agustín, *Sermons on the Liturgical Seasons, sermon 191* [*Sermones sobre las temporadas litúrgicas, sermón 191*], en *The Fathers of the Church* [*Los padres de la iglesia*], trad. Sor Mary Sarah Muldowney, (Washington, D.C., Catholic University of America Press, 1959), 28–29.
27. Atanasio, "On the Incarnation of the Word" [La encarnación del Verbo] en *Athanasius: Select Works and Letters*, vol. 4 [*Atanasio: Cartas y obras selectas*, vol. 4], ed. Philip Schaff and Henry Wace (Peabody, MA: Hendrickson, 1999), 40–41.
28. Juan Crisóstomo, "Easter Sermon by John Chrysostom" ["Sermón de Pascua por Juan Crisóstomo"] en *Service Book of the Holy Orthodox-Catholic Apostolic (Greco-Russian) Church [Libro Litúrgico de la Santa Iglesia Apostólica Católica y Ortodoxa (La Iglesia Grecorusa)]*, trad. Isabel Florence Hapgood (New York: Riverside Press, 1906), 235–36.
29. Atanasio, *La encarnación del Verbo* (Ciudad Nueva, 2000).
30. Richard Sibbes, "Of Confirming this Trust in God" ["Confirmando esta confianza en Dios"] en *The Soul's Conflict and Victory over Itself by Faith* [*El conflicto y la victoria del alma sobre sí misma por medio de la fe*] (London: Pickering, 1837), 325–26.
31. Augustus Toplady, "Roca de la eternidad", 1763.
32. John Bunyan, *Heart's-Ease in Heart-Trouble* [*Paz para el corazón atribulado*] (London: John Baxter, 1804), 60.
33. Martyn Lloyd-Jones, "Creation and Common Grace" ["Creación y gracia común"] en *God the Holy Spirit, vol. 2 of Great Doctrines of the Bible* [*Dios el Espíritu Santo, vol. 2 de Grandes doctrinas de la Biblia*] (Wheaton: Crossway, 2003), 24–25.
34. Richard Mouw, *He Shines in All That's Fair* [*Él brilla en todo lo que es justo*] (Grand Rapids, MI: Eerdmans, 2001), 14.
35. J. C. Ryle, *Consider Your Ways* [*Considera tus caminos*] (London: Hunt & Son, 1849), 23–24.

36. C. H. Spurgeon, entrada del 25 de septiembre en *Lecturas matutinas* (Editorial CLIE, 2011).
37. Jonathan Edwards, *The Works of Jonathan Edwards* [*Las obras de Jonathan Edwards*], ed. Edward Hickman (London: Ball, Arnold, and Co., 1840), 2:580.
38. John Wesley, "Letter to the Rev. Dr. Middleton" ["Carta al reverendo Dr. Middleton"] en *The Works of the Reverend John Wesley*, vol. 5 [*Las obras del reverendo John Wesley*, vol. 5] (New York: Emory & Waugh, 1831), 757.
39. Abraham Booth, *The Reign of Grace: From Its Rise to Its Consummation* [*El reino de la gracia: Desde su origen hasta su consumación*] (Glasgow: Collins, 1827), 247–48.
40. Juan Calvino, "The Necessity of Reforming the Church" ["La necesidad de reformar a la iglesia"] en *Theological Treatises* [*Tratados teológicos*], ed. y trad. J. K. S. Reid (Louisville: WJKP, 1954), 199.
41. Edward Mote, "My Hope Is Built on Nothing Less" ["Segura mi esperanza está"], 1834.
42. C. H. Spurgeon, "The Agreement of Salvation by Grace with Walking in Good Works", sermon 2210 ["La congruencia de la salvación por gracia con las buenas obras", sermón 2210] en *The Complete Works of C. H. Spurgeon, vol. 37* [*La obras completas de C. H. Spurgeon, vol. 37*] (Morrisville, PA: Delmarva Publications, 2015). También disponible en *Bible Bulletin Board*, http://www.biblebb.com/files/spurgeon/2210.htm.
43. Francis A. Schaeffer, *The God Who Is There* [*El Dios presente*] en *The Francis A. Schaeffer Trilogy: The Three Essential Books in One Volume* [*La trilogía de Francis A. Schaeffer: Los tres libros esenciales en un volumen*] (Wheaton: Crossway, 1990), 182–83.
44. San Agustín, *The City of God* [*La ciudad de Dios*], trad. Marcus Dods (Digireads, 2009), 329–30.
45. Gordon D. Fee, "On Getting the Spirit Back into Spirituality" ["Regresando el Espíritu a la espiritualidad"] en *Life in the Spirit* [*La vida en el Espíritu*], ed. Jeffrey Greenman and George Kalantzis (Downers Grove, IL: InterVarsity Press, 2010), 43.
46. Thomas F. Torrance, *The Trinitarian Faith* [*La fe trinitaria*] (London: T & T Clark, 1991), 191.
47. John Owen, "The Indwelling of the Spirit" ["El Espíritu que mora en nosotros"] en *The Doctrine of the Saints' Perseverance Explained and Confirmed, vol. 11 of The Works of John Owen* [*La doctrina de la perseverancia de los santos explicada y confirmada, vol. 11 de*

Las obras de John Owen], ed. William Goold (New York: Robert Carter & Brothers, 1853), 343-61.
48. Abraham Booth, "The Reign of Grace" ["El reino de la gracia"] en *Booth's Select Works* [*Obras selectas de Booth*] (London: Chidley, 1839), 187-88.
49. "Mr. John Bunyan's Dying Saying: Of Prayer" ["Las últimas palabras de John Bunyan: Sobre la oración"] en *The Works of That Eminent Servant of Christ John Bunyan, vol. 1* [*Las obras del eminente siervo de Cristo, John Bunyan, vol. 1*] (Philadelphia: John Ball, 1850), 47.
50. Juan Crisóstomo, "Homily 37: On John" ["Homilía 37: Juan"] en *Commentary on Saint John the Apostle and Evangelist, Homilies 1-47, vol. 33 of The Fathers of the Church* [*Comentario sobre San Juan el apóstol y evangelista, homilías 1-47, vol. 33 de Los padres de la iglesia*], trad. Sor Thomas Aquinas Goggin (Washington, D.C., Catholic University Press, 1957), 359.
51. Martín Lutero, *Commentary on the Sermon on the Mount* [*Comentario sobre el Sermón del Monte*], trad. Charles A. Hay (Philadelphia: Lutheran Publication Society, 1892), 246.
52. Thomas Cranmer, "Thomas Cranmer's Preface to the Great Bible" ["Prefacio de Thomas Cranmer a la gran Biblia"] en *Miscellaneous Writings and Letters of Thomas Cranmer* [*Diversos escritos y cartas de Thomas Cranmer*], ed. J. E. Cox (Cambridge: Cambridge University Press, 1846), 122.
53. Charles Simeon, "The Bible, Standard of Religion" ["La Biblia, estándar de la religión"], de *Horae Homilecticae: or Discourses (Principally in the Form of Skeletons) and Forming a Commentary upon Every Book of the Old and New Testament, vol. 3* [*Horae Homilecticae: o Discursos (principalmente bosquejos) y comentarios sobre cada libro del Antiguo y Nuevo Testamento, vol. 3*] (London: Holdsworth & Ball, 1832), 542-43.
54. Confesión de fe de Westminster, 27.1
55. J. I. Packer, *Concise Theology* [*Teología concisa*] (Wheaton, IL: Tyndale, 1993), 210.
56. "Holy Baptism (I)" ["Sagrado bautismo (I)"] en *The Poems of George Herbert* [*Los poemas de George Herbert*] (London: Walter Scott, 1885), 35-36.
57. Juan Calvino, *Calvin's Bible Commentaries: Matthew, Mark and Luke, part 1* [*Comentarios bíblicos de Calvino: Mateo, Marcos y Lucas, parte 1*], trad. John King (London: Forgotten Books, 2007), 187.

Notas de texto

58. Richard Baxter, "A Saint or a Brute" ["Un santo o un necio"] en *The Practical Works of Richard Baxter*, vol. 10 [*Las obras prácticas de Richard Baxter*, vol. 10] (London: Paternoster, 1830), 318–19.
59. Derek Kidner, *Genesis, Tyndale Old Testament Commentaries* [*Génesis, Comentarios del Antiguo Testamento de Tyndale*] (Downer's Grove, IL: IVP Academic), 73.
60. J. C. Ryle, "Thoughts on the Supper of the Lord" ["Pensamientos sobre la Cena del Señor"] en *Principles for Churchmen* [*Principios para clérigos*] (Londres: William Hunt, 1884), 267–70.
61. Charles Haddon Spurgeon, "Christ's People—Imitators of Him" ["El pueblo de Cristo—Imitadores de Él"] en *Sermons of the Rev. C. H. Spurgeon* [*Sermones del reverendo C. H. Spurgeon*] (New York: Sheldon, Blakeman & Co., 1858), 263–64.
62. Artículos 19 y 20 de *Los treinta y nueve artículos*.
63. Samuel J. Stone, "The Church's One Foundation" ["El único fundamento de la iglesia"], 1866.
64. Michael Weisse y Charles Wesley, "El Señor resucitó", 1739.
65. Martyn Lloyd-Jones, *The Church and the Last Things*, vol. 3 of *Great Doctrines of the Bible* [*La iglesia y las últimas cosas, vol. 3 de Grandes doctrinas de la Biblia*] (Wheaton: Crossway, 2003), 247–48.
66. Charles Wesley, "Arise, My Soul, Arise" ["¡Levántate, alma mía, levántate!"], 1742.
67. J. C. Ryle, *Practical Religion* [*Religión práctica*] (Grand Rapids, MI: Baker, 1977), 476. Disponible en Proyecto Gutenberg, http://www.gutenberg.org/files/38162/38162-h/38162-h.htm#XXI.

Otros libros de
POIEMA

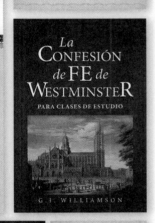

TÍTULOS DE LA SERIE
LA PALABRA DE DIOS PARA TI

"Todo Gálatas habla del evangelio: el evangelio que todos necesitamos durante toda la vida. **¡Este evangelio es como dinamita!** Oro para que su poderoso mensaje explote en tu corazón mientras lees este libro".

- Timothy Keller

LÉELOS • ESTÚDIALOS • ÚSALOS